U0451180

"湖北省社会科学院文库"资助

本专著得到湖北省社会科学基金项目（2013069）的资助

湖北省社会科学院文库

基于企业社会绩效的
机构投资者持股偏好与机制研究

王玲玲 著

Jiyu Qiye Shehui Jixiao De Jigou Touzizhe Chigu Pianhao Yu Jizhi Yanjiu

中国社会科学出版社

图书在版编目(CIP)数据

基于企业社会绩效的机构投资者持股偏好与机制研究/王玲玲著.
—北京：中国社会科学出版社，2015.1
ISBN 978-7-5161-5491-5

Ⅰ.①基… Ⅱ.①王… Ⅲ.①机构投资者—金融投资—研究—中国 Ⅳ.①F832.48

中国版本图书馆 CIP 数据核字(2015)第 014612 号

出 版 人	赵剑英
责任编辑	徐 申
责任校对	古 月
责任印制	王 超

出 版	中国社会科学出版社
社 址	北京鼓楼西大街甲 158 号
邮 编	100720
网 址	http://www.csspw.cn
发行部	010-84083685
门市部	010-84029450
经 销	新华书店及其他书店

印刷装订	北京君升印刷有限公司
版 次	2015 年 1 月第 1 版
印 次	2015 年 1 月第 1 次印刷

开 本	710×1000 1/16
印 张	12
插 页	2
字 数	208 千字
定 价	45.00 元

凡购买中国社会科学出版社图书，如有质量问题请与本社联系调换
电话：010-84083683
版权所有 侵权必究

摘　　要

层出不穷的企业恶性事故和欺诈行为使得企业社会绩效的重要性愈发凸显，投资者们意识到除了经济绩效，社会绩效也是一个非常重要的企业监控指标。多维度的企业社会绩效反映了各利益相关者的不同利益，社会绩效良好的企业具有更大的竞争优势。而相比个人投资者，机构投资者更有动机和能力监控企业社会绩效，在制定投资决策时偏好企业社会绩效良好的公司，并进一步督促持股公司改善企业社会绩效。在我国资本市场"大力发展机构投资者"的背景下，深入检验机构投资者持股与企业社会绩效的互动关系，对我国资本市场大力发展机构投资者进而促进企业社会绩效的提升具有重要的意义。

首先，本文对国内外文献进行了梳理与回顾，结合我国资本市场实践确定了研究的主题与内容，并对机构投资者积极主义和企业社会绩效相关概念与理论进行了简要介绍，在此基础上从研究思路与框架、研究样本与数据、研究方法三个方面进行了研究设计。其次，从持股动机、影响因素和持股方式三个方面对基于企业社会绩效的机构投资者的持股机理进行了剖析，为下面的实证分析提供必要的理论支持。再次，基于利益相关者理论设计了涵盖股东、债权人、政府、员工、供应商、消费者、社会公益七个方面共计 23 个指标的指标体系，并利用因子分析法构建了我国企业社会绩效评价模型，对我国上市公司的企业社会绩效进行了综合评价。

基于上述理论分析和企业社会绩效的计量，本文对基于企业社会绩效的我国机构投资者持股偏好与机制进行了实证分析。首先，检验了我国机构投资者基于企业社会绩效的持股偏好，通过对企业社会绩效与机构投资者整体持股、企业社会绩效与各类机构投资者持股、企业社会绩效各维度与机构投资者持股三方面关系的检验，证实了我国机构投资者基于企业社会绩效的持股偏好，即持股过程中扮演了道德偏好角色。其次，进一步考察了我国机构投资者基于企业社会绩效持股偏好的影响因素,借助内部控制质量、经济绩效两个变量,分别从制度因素和经济因素两方面剖析偏好影响因素,结论表明我国机构投资者的道德偏好受到内部控制质量和经济绩效两方面的显著影响。然后,从持股策略与持股效果两方面剖析了我国机构投资者道德偏好角色背后的持股机制,探讨了我国机构投资者基于企业社会绩效"如何持股"以及"持股效果如何"的问题。结论显示我国机构投资者道德偏好角色的形成源于正面筛选策略的采用,且机构投资者持股仅能促进企业社会绩效微弱的改善。进而推断我国机构投资者目前扮演的道德改善角色尚不显著。最后,根据实证分析结论,提炼相应的政策建议,为我国"大力发展机构投资者"、提升企业社会绩效提供一定的科学依据和理论指导。

关键词: 企业社会绩效　　机构投资者　　持股偏好　　持股机制

目　　录

1 **绪论** ……………………………………………………………… (1)
　1.1 研究背景、目的及意义 ……………………………………… (1)
　1.2 国内外文献综述 ……………………………………………… (7)
　1.3 技术路线及研究内容 ………………………………………… (20)
　1.4 主要创新点 …………………………………………………… (22)

2 **基本概念与理论基础** …………………………………………… (25)
　2.1 机构投资者与股东积极主义 ………………………………… (25)
　2.2 利益相关者 …………………………………………………… (30)
　2.3 企业社会绩效界定 …………………………………………… (33)
　2.4 企业社会绩效评价 …………………………………………… (44)
　2.5 本章小结 ……………………………………………………… (53)

3 **研究设计** ………………………………………………………… (54)
　3.1 研究框架及思路 ……………………………………………… (54)
　3.2 研究样本及数据 ……………………………………………… (56)
　3.3 研究方法 ……………………………………………………… (61)
　3.4 本章小结 ……………………………………………………… (69)

4 **基于企业社会绩效的机构投资者持股机理分析** ……………… (70)
　4.1 基于企业社会绩效的机构投资者持股动机 ………………… (70)
　4.2 基于企业社会绩效的机构投资者持股影响因素 …………… (76)
　4.3 基于企业社会绩效的机构投资者持股方式 ………………… (81)
　4.4 本章小结 ……………………………………………………… (86)

5 我国企业社会绩效的界定与计量 ……………………………… (87)
5.1 我国企业社会绩效界定 ………………………………… (87)
5.2 我国企业社会绩效评价指标体系设计 ………………… (92)
5.3 我国企业社会绩效因子分析模型构建 ………………… (99)
5.4 我国企业社会绩效评价结果分析 ……………………… (103)
5.5 本章小结 ………………………………………………… (107)

6 基于企业社会绩效的机构投资者持股偏好分析 …………… (109)
6.1 持股偏好理论分析与研究设计 ………………………… (109)
6.2 企业社会绩效与机构投资者整体持股实证分析 ……… (114)
6.3 企业社会绩效与各类机构投资者持股实证分析 ……… (120)
6.4 企业社会绩效各维度与机构投资者持股实证分析 …… (125)
6.5 本章小结 ………………………………………………… (128)

7 基于企业社会绩效的机构投资者持股偏好影响因素分析 … (130)
7.1 持股偏好影响因素理论分析与研究设计 ……………… (130)
7.2 制度因素对持股偏好的影响实证分析 ………………… (133)
7.3 经济因素对持股偏好的影响实证分析 ………………… (140)
7.4 本章小结 ………………………………………………… (147)

8 基于企业社会绩效的机构投资者持股机制分析 …………… (148)
8.1 持股机制理论分析与研究设计 ………………………… (148)
8.2 企业社会绩效与机构投资者持股策略实证分析 ……… (152)
8.3 企业社会绩效与机构投资者持股效果实证分析 ……… (158)
8.4 本章小结 ………………………………………………… (164)

9 总结与展望 …………………………………………………… (165)
9.1 全文总结 ………………………………………………… (165)
9.2 研究展望 ………………………………………………… (167)

参考文献 ………………………………………………………… (169)

后记 ……………………………………………………………… (187)

1 绪论

1.1 研究背景、目的及意义

1.1.1 研究背景

1）企业社会责任的困境

2010年4月，BP公司原油泄露导致"重度受污或中毒"的海岸线达到1050英里、墨西哥湾海洋生物死亡率大幅上升；2010年7月，紫金矿业9100立方米的废水顺着排洪涵洞流入汀江，导致汀江部分河段污染及大量网箱养鱼死亡；2011年6月，康菲渤海平台漏油、哈药集团污染排放……

蒙牛牛奶的"毒奶门"、味千拉面的"骨汤门"、恒顺醋业的"勾兑门"、锦湖轮胎的"掺假门"、家乐福超市的"价签门"、达芬奇家具的"产地门"、奥的斯电梯的"缺陷门"、苏泊尔家电的"减料门"……

安然公司的财务舞弊、世通公司的会计丑闻、蓝田股份的恶意欺诈、银广夏的财务造假……

IBM公司劳务用工歧视、苹果供应商员工中毒、富士康员工跳楼、SOHO中国上海欠薪……

层出不穷的企业恶性事故和屡禁不止的企业欺诈行为给政府、社会、环境、投资者、消费者、员工等各利益相关者带来了不可估量的损失，也一次次将企业社会责任问题推向舆论的风头浪尖。企业在忘情追逐自身利润最大化的时候，不知不觉的陷入了企业社会责任困境而无法自拔。"如果企业仅追求自身利润的最大化，必然会导致企业利益和社会利益分配的不平衡。一个健康的企业和一个病态的社会很难共存，社会之所以进入病态，企业负有不可推卸的责任（Drucker, 1987）"。

随着社会的进步，市场和公众判断一个企业是否成功的标准不再以企业财务利润为绝对导向,而包括社会、环境、道德、慈善等丰富内涵的企业社会责任理念受到广泛的关注。著名的《财富》和《福布斯》杂志把企业社会责任列为企业排名的评价标准之一;1999年,联合国秘书长科菲·安南提出了包含10项原则的"全球契约",要求企业界领导人在经营企业的同时,维护正当的劳工权益和环境标准;2007年,亚洲博鳌论坛将"企业社会责任与可持续发展"作为一项重要的讨论议题。因此,在"利润最大化原则"广受质疑的背景之下,如何帮助企业走出企业社会责任困境是企业界和理论界亟待解决的问题。

2) 股东积极主义的发展

20世纪70年代开始,股东积极主义逐渐兴起,并引起了学术界的广泛关注。Peter Drunker的《看不见的革命——养老基金社会主义是如何进入美国的》一书拉开了这场关注热潮的序幕,Drunker(1974)分析了以养老基金为代表的投资者迅速发展给资本市场带来的革命性的变化。而在企业界,美国、英国等西方国家的投资者们也慢慢推行股东积极主义。一方面,投资者以专业的眼光和先进的金融分析工具对投资对象进行分析,投资理念逐步从对"价差"的偏好发展到对"价值"的偏好,即选择具有投资价值的企业进行投资(Guercio and Hawkins,1999;江向才,2004;et al.),体现了投资者的"价值偏好角色"。另一方面,投资者采取私下协商(Private negotiations)、股东提案(Shareholder proposal)(Brent,2002)、征集投票权(Cumulative voting)(Gillan and Starks,2000)等方式对管理层决策进行监控,积极干预持股公司的治理问题。根据Brent(2002)的报告,自2001年以来更多的公共基金倾向发起、参与股东议案或征集投票代理权,以加强对公司治理的参与;Gillan和Starks(2000)还发现机构投资者采取的诸如股东提案等积极主义行为能得到更高的支持率,并且积极参与公司治理得到的收益增量远远高于监督成本,因此投资者的积极主义行为在公司治理的诸多方面起到很好的监控效果,体现了投资者的"价值改善角色"。

作为公司治理的有机组成部分,企业社会责任也受到股东积极主义越来越多的关注(Petersen and Vredenburg,2009)。投资者们意识到长期利益取决于对不同利益相关者的有效管理及与之保持良好的互动关系(Clarkson,1995),这些关系能提供公司需要的获取和保持竞争优势的资源(Jones,1995)。除了传统的财务绩效外,投资者在制定投资决策时愈加重视公司的长期发展前景，更倾向持股那些在社会、环境、道德等方面表现良好的公司（Graves and Waddock, 1994）。同时，投资者通过持股进一步积极的干预公司行为与决策以促进企业社会责任的履行。1970年，一个针对社会议题的法律裁定成为了投资者关注企业社会责任的标志性事件，随后投资者们开始积极关注企业社会责任，尤其在每年的委托书征集季节（Proxy season），大量社会议题出现在股东大会上，包括人权和劳工标准问题（Proffitt and Spicer, 2006）、环境和气候问题（Monks et al., 2004）、南非问题（Coffey and Fryxell, 1991）等等，涉及到企业社会责任的各个方面（Sjostrom, 2008）。因此，股东积极主义有助于促进股东有效的监控企业社会责任，在持股决策制定时提高公司的社会、环境、道德表现的影响权重，进而借助股东权力促进企业社会责任的履行。

3) 机构投资者的壮大

Schleifer和Vishny（1986）认为股权分散的证券市场上，只有大股东有足够的能力去监控公司管理层。而所有大股东之中，不断发展壮大的机构投资者更有动机扮演好"积极主义者"的角色，关注企业社会责任问题。美国机构持股比例在20世纪50年代仅为6.1%，到80年代末机构投资者在最大50家、100家、250家和500家4个公司组群中的持股比率均超过50%。进入90年代，机构持股比例进一步提高，机构投资者在全部上市公司中持股比例稳定在50%左右。而英国机构投资者占公司资产的比例在90年代中期也达到了58%。到二十世纪末，英国包括国外机构投资者在内的全部机构持股份额已达80%（Davis, 2002）；从经济总量上看，经合组织（OECD）国家机构投资者管理的金融资产在35万亿美元以上，超过OECD所有成员国GNP的总和，如果从1992年算起的话其增长幅度达到125%（Jeffers, 2005）；而欧盟机构股东拥有的资产自1992年开始，8年间增长了150%。截至2007年，欧洲和美国主要机构投资者（包括养老基金、保险公司和共同基金）资产规模分别达到了惊人的22.1万亿美元和35.8万亿美元。

而在我国，机构投资者在量变的积累中也逐渐成为资本市场的重要力量。中国证监会从1998年开始着手推动基金业的发展。2000年，监管层明确提出"超常规发展机构投资者"，并将其作为改善资本市场投资者结构的重要举措。在"超常规"这一战略的指导下，我国机构投资者的发展驶入快车道。统计数据显示：1998年，我国基金管理公司仅有5家，发起设立基金 5 只，管理基金份额 100 亿份；到 2011 年，我国基金管理公司已达到 62 家，管理着 652 只证券投资基金，管理规模达到了近 3 万亿份。而全部机构投资者持股市值达到 12.36 万亿，约占 A 股总市值的 58.74%，其中基金持股市值达到 17691 亿、QFII 持股市值 653 亿、券商持股市值 377 亿、保险公司持股市值 5460 亿、社保基金持股市值 427 亿、信托公司持股市值 421 亿、私募基金持股市值 153 亿、财务公司持股市值 100 亿、银行持股市值 164 亿、企业年金持股市值 21 亿。近十年来，我国机构投资者持股市值变化趋势如图 1-1 所示。

随着持股比例的持续增长，机构投资者也越来越倾向于积极的干预持股公司的管理层（Shleifer and Vishny，1986），使公司治理从由经理人执掌全权、不受监督制约的"管理者资本主义"发展到由投资者控制、监督经理层的"投资者资本主义"。机构投资者强大的资本力量使成熟市场上的公司股权结构发生了根本转变，促使其在公司治理中发挥着日益重要的作用，也给公司摆脱企业社会责任困境带来了希望。

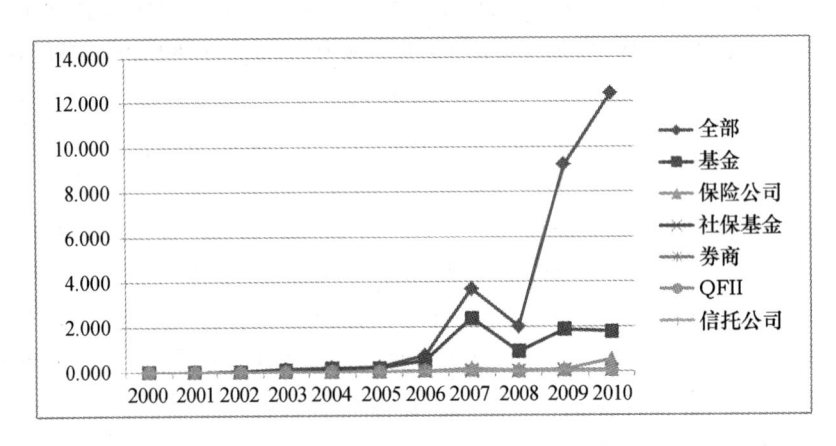

持股市值单位：千亿元

图 1-1　我国机构投资者持股市值变化趋势图

1.1.2　研究目的及意义

虽然"商业活动唯一的社会责任就是增加利润"的名言已经和伟大的经济学家米尔顿·弗里德曼一样成为了历史，但资本的逐利天性使得企业具有释放负外部性的天然动机，导致企业在追求自身利益时必然会损害其他利益相关者的利益，进而陷入企业社会责任困境。触目惊心的企业恶性事故和欺诈行为凸显了监控企业社会责任的重要性，而衡量企业社会责任履行的重要指标是企业社会绩效（Neubaum and Zahra, 2006），它由"企业的社会责任原则、社会事务响应过程以及政策、计划和可观察到的结果（当它们涉及公司的社会关系时）所组成"（Wood, 2010）。多维度的企业社会绩效反应了各利益相关者的不同利益，更为直接有效的体现了企业社会责任的履行情况。对企业社会绩效的重视意味着更大的资源竞争优势（Muller and Kolk, 2010）、更好的员工工作积极性（Turban and Greening, 1997）和顾客声誉（McGuire et al., 1988）、更低的交易成本（Ruf et al., 2001）和财务风险（Cox P et al., 2004），以及可持续的竞争力（张旭，2010）。

相比分散的个人投资者，持股规模持续增长的机构投资者更有可能在持股过程中积极的关注企业社会绩效。一方面，机构投资者更有可能偏好持股企业社会绩效良好的公司，因为机构投资者有能力和动机获取关于企业社会绩效的信息（Heiner, 1983），并根据有价值的企业社会绩效信息进行投资决策的制定（Petersen and Vredenburg, 2009）。而且由于持股量很大且比较集中，机构投资者很难在不影响股价（David et al., 1998）、不遭受流动性风险（Parthiban, 1996）的情况下迈出"华尔街准则"之脚，这使得机构投资者制定投资决策时不得不关注企业的长期利益，重视企业社会绩效（Mallina, 2011）。在进行投资时，"选择一个相似的但企业社会绩效更好的公司，投资者可以在更小的风险下获得同样的回报"（Graves and Waddock, 1994），在持股过程中扮演"道德偏好角色"。另一方面，机构投资者更有可能在持股后改善公司的企业社会绩效，因为机构投资者持有目标公司足够的股票，对该公司的持股是投资组合中的重要组成部分，他们更有动机对公司事务进行干预（Ryan and Schneider, 2002）。由于管理层倾向于满足最有实力、最重要的利益相关者（Agle et al., 1999; et al.），持股规模越来越大的机构投资者对管理层的影响更大，更有可能监控公司行为和目标（Gedajlovic and Shapiro, 2002），比如企业社会绩效（Johnson and Greening, 1999）。随着股东积极主义的兴起，机构投资者会采取股东提案等方式督促公司改善企业社会绩效（Neubaum and Zahra, 2006），在持股过程中扮演"道德改善角色"。

在中国资本市场，机构投资者经过十年的茁壮成长已经基本形成了基金、QFII、券商、保险公司、社保基金和信托公司等各类机构投资者全面发展的格局。各类机构投资者在我国资本市场中扮演的角色越来越重要，随着社会责任投资理念在我国证券市场的逐步推广，机构投资者们在投资过程中慢慢认识到了企业社会绩效的重要性。那么，现阶段我国机构投资者在持股过程中，是否偏好持股企业社会绩效良好的公司，是否进一步改善持股公司的企业社会绩效，需要实证检验。另外，机构投资者异质性对机构投资者与企业社会绩效的关系存在显著影响（Cox et al.，2004；et al.），仅仅将全部机构投资者作为一个整体进行研究并不能全面深刻的反映机构投资者与企业社会绩效互动关系的真实图景，而且国内外机构投资者在经营环境、资金规模、投资策略等各方面都存在很大差异，机械照搬国外的分类方法显然也不能真实的反映我国各类机构投资者与企业社会绩效的关系。因此，本文选取沪深两市有机构投资者持股的上市公司为研究对象，对我国机构投资者整体与企业社会绩效的互动关系进行研究，并进一步按照机构投资者组织形式的基本分类，考察各类机构投资者与企业社会绩效的互动关系，以期达到以下三个方面的研究目的：

（1）考察机构投资者是否偏好持股企业社会绩效良好的公司

对企业社会绩效与机构投资者整体持股关系进行研究的基础上，分别检验企业社会绩效与不同机构投资者持股的关系，并深入探讨企业社会绩效的不同维度对机构投资者持股影响的差异性，以全面考察基于企业社会绩效的我国机构投资者的持股偏好，即分析我国机构投资者在持股过程中是否扮演道德偏好角色。同时，从制度视角和经济视角两个方面考察机构投资者道德偏好的影响因素。

（2）剖析机构投资者持股偏好背后的内在机制

通过检验筛选策略对机构投资者持股的影响以及机构投资者持股对企业社会绩效的影响，从持股策略与持股效果两个方面深入剖析基于企业社会绩效的机构投资者的持股机制，以了解基于企业社会绩效的机构投资者"如何持股"以及"持股效果如何"。

（3）考察机构投资者是否改善持股公司的企业社会绩效

在检验基于企业社会绩效的我国机构投资者持股机制的基础上，根据持股效果进一步分析机构投资者与持股公司企业社会绩效的关系，以考察机构投资者持股对企业社会绩效的影响作用，即分析我国机构投资者在持股过程中是否扮演道德改善角色。

因此，通过检验我国机构投资者持股与企业社会绩效之间的互动关系，能深入分析基于企业社会绩效的机构投资者的持股偏好和持股机制，以透彻了解我国机构投资者持股过程中体现的道德偏好角色和道德改善角色。对机构投资者提高投资水平、加强对持股公司的有效监控具有一定的指导意义；对上市公司健全完善公司治理结构以促进企业社会责任的履行并进一步提升企业社会绩效具有一定的参考价值。总之，为我国推动机构投资者积极主义，加强机构投资者对企业社会绩效的监控，进一步提升上市公司的企业社会绩效提供科学合理的科学依据和理论指导。在我国现阶段"超常规发展机构投资者"的政策背景下，进行基于企业社会绩效的机构投资者持股偏好与机制的研究具有重要的理论意义和现实意义。

1.2 国内外文献综述

1.2.1 机构投资者积极主义文献综述

20世纪70年代开始，股东积极主义在机构投资者中逐渐兴起。相比分散的个人投资者和持股规模不大的董事会，机构投资者拥有更好的时机、更多的资源和更强的能力通过持股去影响公司管理层（Schleifer and Vishny，1986）。另外，由于持股量很大且比较集中，机构投资者不得不"用手投票"，在持股后积极的干预公司治理（Feng，2010；et al.）、财务绩效（Miguel et al.，2008；et al.）、市场价值（Seifert et al.，2005；et al.）和企业社会绩效（Petersen and Vredenburg，2009）。现从"偏好角色"与"改善角色"两个角度对机构投资者积极主义通过持股介入公司治理、财务绩效、市场价值的研究文献进行归纳，机构投资者持股与企业社会绩效互动关系的文献综述放在后面单独讨论。

1）机构投资者持股与公司治理

国外大量学者证实（Schleifer and Vishny，1986；Hartzel and Starks，2003；Gillan and Starks，2000；et al.）机构投资者会采取各种积极主义行动介入公司治理。Russell Reynolds Associates（1998）、Roberta（2001）、Monks 和 Minow（1995）发现机构投资者在进行投资决策时十分关注公司董事会的质量；Chiu 和 Monin（2003）发现在新西兰基金经理持股过程中非常关注上市公司治理过程和治理结构的独立性，特别是独立董事的比例、CEO 的职责、新董事的选择。同时，Chung et al.（2002）、Jiambalvo et al.（2002）、Ayers 和 Freeman（2003）研究表明机构投资者对公司盈余管理会产生积极的影响；Clay（2000）、Hartzell 和 Starks（2003）、Khan 和 Dharwadka（2005）、Feng（2010）的实证研究显示机构投资者持股能影响高管薪酬安排，尤其会提高公司的薪酬业绩敏感度。Huson（1997）、Del Guercio 和 Hawkins（1998）的结论进一步从公司治理的其他方面证实了机构投资者积极主义行为。国内研究也表明机构投资者倾向持股公司治理好、信息透明度高的公司（江向才，2004），肖星和王琨（2005）发现基金注重公司外部董事的比例及董事会成员的专业技术水平，偏好投资治理结构优良的公司。另外，机构投资者与公司治理结构完善程度正相关（王永海等，2007），也对董事会治理（吴晓晖和姜彦福，2006；杨忠诚和王宗军，2008）、信息披露和公司透明度（崔学刚，2004）、薪酬激励（程书强，2006）以及控股股东行为（高雷等，2006）进行了干预。利用中国公司治理指数（$CCGI^{NK}$），李维安和李滨（2008）研究发现我国机构投资者的积极介入有利于上市公司治理水平的提升。

2）机构投资者持股与财务绩效

大量研究（Nestor, 1999；Berglof, 1999；Kaplan and Stromberg, 2001；Sundaramurthy et al., 2005）表明机构投资者比个人更有能力关注和监控公司的日常经营活动，并获取监督的回报，在持股时偏好财务绩效优良的公司。其他文献主要从改善角度进行研究。国外直接对机构投资者持股和公司财务绩效相关性进行研究的文献并不多，并大都选取净资产收益率（ROE）和资产收益率（ROA）作为公司财务绩效的变量（Chaganti and Damanpour, 1991；Chaganti et al., 1995；Miguel et al., 2008），研究证实机构持股能改善公司财务绩效。以美国证券市场为例，Chaganti 和 Damanpour（1991）发现机构持股和 ROE 存在一个显著的正相关关系；Chagant et al.（1995）研究显示了机构投资者持股与 ROA 之间显著的相关性。而基于 27 个国家的股权数据，Miguel et al.（2008）也发现了机构投资者持股对 ROA 显著的积极影响。国内关于机构投资者和公司财务绩效的实证研究相对较多，彭仕卿（2009）、张宗益和陈科（2008）、申尊焕和郝渊晓（2008）以及王雪荣和董威（2009）等学者均选取 ROE 作为衡量公司财务绩效的变量进行实证研究，分析结论表明机构投资者持股和 ROE 存在显著正相关关系，也有学者采用主营业务总资产收益率（CROA）考察公司财务绩效（邓丽姬和王娃宜，2010；吴晓晖和姜彦福，2006）得到类似的结论。

3) 机构投资者持股与市场价值

总体来看国外机构投资者持股和公司市场价值相关性的实证研究并不多，McConnell 和 Servaes（1990）、Seifert et al.（2005）运用托宾 Q 值代表公司市场价值，实证研究发现托宾 Q 值与机构投资者的持股份额存在正相关关系，即机构投资者投资过程中重视公司的市场价值。其他文献也主要集中在改善方面。Lee Pinkowitz（2001）、西崎和意泽（2003）、掘内和花崎（2004）分别在美国和日本证券市场发现实证证据，表明机构投资者持股对公司市场价值存在显著的促进作用。Agrawal et al.（1999）、Opler（1995）通过考察股票价格发现，机构投资者积极介入公司治理有助于提高公司市场价值。国内关于机构投资者对公司市场价值的影响研究相对较多，吴晓晖和姜彦福（2006）、孙凌姗和刘健（2006）、娄伟（2002）采用托宾 Q 作为公司市场价值变量，实证结果显示机构投资者的介入能有效提升公司市场价值。也有大量学者（万俊毅，2006；唐国琼和林莉，2007；李维安和李滨，2008；穆林娟和张红，2008）选取每股收益（EPS）代表公司市场价值，均发现机构投资者的积极介入有助于公司市场价值的提升。另外续芹（2009）采用平均周涨跌幅（AWS）和平均周换手率（AWER），申尊焕和郝渊晓（2008）采用市场价值与账面价值的比率（MB）得到了同样的结论。

然而，也有部分学者对机构投资者积极主义提出了质疑，他们认为机构投资者缺乏必要的管理企业的专业技能与经验（Taylor，1990；Lipton and Rosenblum，1991；Wohlstetter，1993），存在明显的短视倾向（Coffee，1991），另外机构投资者自身也存在一定的代理问题（Gorton and Kahl，1999），机构投资者之间也容易遭受"搭便车"问题的困扰（Black，1990），等等，这些都使得机构投资者并不能发挥最大的监督作用。Coffee（1991）、Jayne Barnard（1992）、Robert Webb（2003）等人的研究结论支持了机构投资者消极主义，他们发现机构投资者并没有在参与公司治理过程中产生正面的影响。Roberta Romano（2001）在对现有相关研究结论进行归纳总结的基础上也发现了消极主义的证据，即虽然相当的研究结论是支持机构积极主义的，但是实证证据却显示积极主义对持股公司绩效的改善作用并不显著。甚至如果机构投资者自身并不具备成熟的经营、管理企业的专业技能，介入过多反而会对公司治理产生不利的影响（李维安和李滨，2008）。Pound（1988）也认为在利益冲突假说（Conflict-ofinterest hypothesis）和战略同盟假说（Strategy alignment hypothesis）下，机构投资者不会对公司进行有效监控。Karpoff（1996）、Keasey 和 Helen（1997）总结前人大量的研究成果后发现，机构投资者持股和公司的价值和业绩没有任何关系。Agrawal et al.（1996）、Varela（2003）用托宾 Q 衡量公司价值实证研究证实机构投资者持股与公司价值没有显著的相关性，在澳大利亚（Craswell，1997）和捷克（SukMa-khija and Spiro，2000）证券市场，同样没有发现显著的证据表明机构投资者持股和公司绩效的相关性。

1.2.2 机构投资者异质性文献综述

1）异质性分类

大量对机构投资者干预公司行为的研究结论大相径庭，导致这种局面的原因很多，但首当其冲的原因就是研究中忽视了机构投资者原本的异质性（DelGuercio and Hawkins，1999）。上述文献倾向于把所有机构投资者当成一个单一的整体进行分析（Sundaramurthy，1999；Westphal and Zajac，1998），然而不同特性的机构投资者拥有不同的资金来源（Xia，2005）、客户（Monks and Minnow，1995）、约束（Black，1992）、目标（Roe，1990）和偏好，因而持股的积极性和能力在不同的机构投资者之间也存在着差异。为了细致探讨机构投资者介入公司治理的问题，Brickley et al.（1988）首次将机构投资者异质性引入到公司治理的研究当中，随后公司治理方面的相关研究都会考虑机构投资者的异质性，从而带来了机构投资者分类方法的不断涌现。

（1）按照机构主体的不同，机构投资者可分为养老基金（Pension Fund）、共同基金（Mund Fund）、保险公司（Insurance Company）、信托公司等（Ryan and Schneider，2003；Davis and Kim，2007；Shin and Seo，2010）；

（2）按照"是否与持股公司存在业务关系"，机构投资者可分为压力敏感型（Pressure-sensitive）机构投资者和压力不敏感型（Pressure-insensitive）机构投资者（Brickley，1988；Kochhar and David，1996），David et al.（1998）则进一步将它们细化成压力抵制型（Pressure-resistant）、压力敏感型（Pressure-sensitive）以及压力中性型（Pressure-indeterminate）机构投资者（Borokhovich et al.，2006；Cornett et al.，2007）；

（3）按照投资期限的不同，机构投资者可分为"专注型"（Dedicated）机构投资者和"短暂型"（Transient）机构投资者（Bushee，1998；Cox et al.，2004；Neubaum and Zahra，2006；Min and Ozkan，2008）；

（4）按照监控成本的不同，机构投资者可分为"潜在积极"（Potentially active）机构投资者和"潜在消极"（Potentially passive）机构投资者（Almazan et al.，2005）；

（5）按照对风险态度的不同，机构投资者可分为为稳健（Conservative）机构投资者、适度（Mederate）机构投资者和激进（Aggressive）机构投资者（Munk et al.，2004）；

另外，还有按照"属于国内还是国外"（Tarun Khanna and Krishna Palepu，1999）、按照持股量的大小（Bhide，1994；Demirag，1998；Maug，1998）等划分规则对机构投资者进行分类。其中研究最多的主要有业务关系异质性、投资期限异质性以及机构主体异质性。

2）业务关系异质性

Brickley et al.（1988）首次将机构投资者按照与持股对象是否存在"业务关系"分为压力敏感型机构投资者和压力不敏感型机构投资者，相比压力敏感型机构投资者，压力不敏感型机构投资者在公司治理能扮演更积极的角色。借鉴 Brickley 的划分方法，Kochhar 和 David（1996）、Chen et al.（2005）、Borokhovich et al.（2006）、Cornett et al.（2007）分别研究发现压力不敏感型机构投资者对公司创新行为、收购决议（Acquisition decision）、外部大股东监控效力以及公司财务绩效的影响程度远大于压力敏感型机构投资者。David et al.（1998）在 Brickley 的基础上进一步将机构投资者细化成压力抵制型、压力敏感型以及压力中性型机构投资者，研究结论表明压力抵制型机构投资者所有权的存在有效地降低了管理层薪酬的水平，并提高了薪酬激励中中长期激励部分的比重，而后两者对公司治理不存在这种积极影响。

3）投资期限异质性

Bushee（1998）按照投资期限的不同，将机构投资者分为"短暂型"（Transient）机构投资者和"专注型"（Dedicated）机构投资者，并发现短期机构投资者持股多的公司，其管理层更倾向于减少研发开支来避免当期盈利的下降，长期机构投资者持股更有利于企业研发；后来 Bushee（2001）深入发现机构投资期限和受托责任大小的不同对公司短期化决策的影响效果存在差异,即受托责任大或投资期限短更加会引起公司的短期化决策。Kon（2007）、Mong 和 Azkan（2008）、Min 和 Ozkan（2008）借鉴了 Bushee（2001）对机构投资者分类的方法,分别发现机构投资者期限异质性对盈余管理、董事会支出和董事会薪酬激励存在一定的影响。另外 Cox et al.（2004）、Neubaum 和 Zahra（2006）发现投资期限异质性对机构投资者与企业社会绩效关系的影响尤为显著。

4）机构主体异质性

按机构主体划分,机构投资者包含很多基本类型,比如养老基金、互动基金、银行和保险公司、信托公司等等。Ryan 和 Schneider（2002）利用包含十二个变量的综合模型分析了养老基金、互动基金、保险公司和银行四种截然不同的机构投资者,并发现不同机构投资者和公司治理存在不同的关系（Ryan and Schneider, 2003; Sherman and Beldona; 1998）。Shin 和 Seo（2010）、Davis 和 Kim（2007）甚至发现同属压力抵制型机构投资者中的公共养老基金与共同基金对高管薪酬的影响也存在显著的不同。国外关于异质机构投资者的研究大多集中在养老基金,其中美国最大的公共养老基金 CalPERS（加州公共雇员退休基金）更是重中之重（Nesbitt, 1994; Smith, 1996; Wilshire Associate, 2000）,研究结论一致表明养老基金会积极关注公司治理,并有助于提升公司市场价值（Carleton et al., 1998; Guercio and Hawkins, 1999; Johnson and Greening; 1999; Faccio and Lasfer, 2000; Woidtke, 2002; Cox et al., 2008）。其他类型的机构投资者,包括共同基金（Opler and Sokobin, 1996）、对冲基金（Brav et al., 2008）、银行（Gorton and Schmid, 2000）等也都积极的监控公司行为。

5）国内相关研究

国内关于机构投资者异质性的研究不多,对机构投资者异质性与公司治理的研究更是少见。赵洪江和夏晖（2009）、伊志宏等（2010）借鉴 Brickley 的方法对机构投资者进行了分类研究,赵洪江和夏晖（2009）发现在公司行为方面压力抵制型机构投资者持股和创新投入显著正相关,对公司创新行为有积极的影响；伊志宏等（2010）研究表明全部机构投资者和压力抵制型机构投资者会提高薪酬绩效敏感度,而压力敏感型机构投资者对薪酬绩效敏感度没有明显的影响。陈晓丽等（2007）采用聚类分析法将机构投资者分为平衡型投资者、交易频繁型投资者和集中型投资者,并发现这三类机构投资者对公司透明度的影响不同。因此对中国机构投资者而言，业务关系异质性与公司治理的关系存在显著的差异。

其他相关文献都是基于机构主体异质性进行分类研究的，范海峰等（2009）以社保基金和证券投资基金为研究对象，对 2005—2007 年期间 407 家社保基金重仓股所组成的横截面数据进行了实证研究，结论表明全部机构投资者和基金持股比例与公司价值正相关，而社保基金持股比例与公司价值负相关；唐跃军和宋渊洋（2010）全面考察了各机构投资者介入公司治理的效应，研究表明不同机构投资者对公司绩效的改善作用存在较大差异，其中作用最为明显的是基金和 QFII，结论还发现中国机构投资者更多地停留在价值选择层面，价值创造能力较弱。另外，还有部分文献对基金的公司治理效果进行了专门分析，肖星和王琨（2005）基于 2000—2003 年的数据得出了基金持股与会计绩效存在内生性关系的结论，即证券投资基金偏好会计业绩优良的公司，同时也会促进公司会计业绩改善；邵颖红等（2006）实证研究也发现基金持股比例和公司业绩存在显著的正相关性，因此基金对上市公司治理具有积极的影响。然而，余佩琨和王玉涛（2009）提出了异议，他们通过对开放式基金的实证研究发现，开放式基金中机构投资者持股比例与超额收益率呈显著的负相关关系，即机构投资者并不能提高开放式基金业绩，相反机构投资者持股比例越高，开放式基金业绩可能越低。

1.2.3 企业社会绩效文献综述

1）企业社会绩效的内涵与计量

（1）国外研究现状

企业社会绩效的概念源自于对企业社会责任的持续深入的探讨。自 20 世纪 70 年代中叶，部分西方学者（例如：克莱因、琼斯、阿曼迪等）尝试对之前相互之间对立的企业社会责任概念进行阐述，并引入"企业社会绩效"这一概念，试图将企业社会责任的"动机"、"行为"及其"结果"等概念进行整合，以便更好的对这一概念进行计量并实证研究。早期对企业社会绩效的界定主要从企业如何处理社会问题和承担社会责任两个方面展开，在加拿大企业皇家调查委员会 Preston（1977）提出的四个角度分析法的基础上。Carroll（1979）构建了影响深远的"三维概念模型"，包括企业社会责任、社会问题管理和企业社会响应，其中把企业面临的社会问题定义为销售服务、环境保护、雇用歧视等，把企业社会响应定义为企业履行社会责任和解决社会问题的过程。Wartick 和 Cochran（1985）进而尝试构建一个企业社会绩效的基本概念框架，即涵盖经济责任、法律责任、道德责任以及其他责任的一般性框架，并设计了各种不同的观点整合到该框架的路径。随后，更多的研究者开始关注企业社会绩效这个概念。然而，诚如 Wood（1991）所言，上述诸多企业社会绩效概念并不能体现出权威性。因此，基于现有的文献及成果，Wood 界定了一个公认的概念，即企业社会绩效是"由企业的社会责任原则、社会事务响应过程以及政策、计划和可观察到的结果（当它们涉及公司的社会关系时）所组成"（Wood，2010）。尽管 Carroll 和 Wood 的概念模型代表着重大的学术进步，但这些概念的提出缺乏经验层面的过渡与衔接，显得较为抽象。而利益相关者理论的引入解决了这个难题，它给企业社会绩效的界定与计量提供了便利。基于利益相关者理论，特尔克 Turker（2009）将企业社会责任定义为"超越了自身经济利益的考虑，目标在于积极影响和改善利益相关者关系的公司行为"。

在对企业社会绩效内涵进行分析的基础上，出现了大量研究成果探讨如何对企业社会绩效进行测量。大多数测量方法都是基于利益相关者理论展开的，比如外部利益相关者评价模式（Jeffrey Sonnenfeld，1982）、RDAP 模式（Clarkson，1995）以及 SRE 模型（Hopkins，1997）。在实证研究中最被广泛使用的企业社会绩效测量工具是 KLD 指数，由 KLD 公司开发建立。之后，Sharfman（1993）等学者弥补了 KLD 指数各个方面指标占指数总分的权重没有差别的缺陷，他们通过实证的方式对 KLD 各评估维度进行重要程度排名，添加了权重。Fortune 指数也是在实证研究中运用比较多的企业社会绩效测量工具（Griffin and Mahon，1997），它是根据 8000 多个高级经理人、外部董事、财政分析学家投票的结果统计而来，每年有几十个国家的几百个企业被纳入这项列表当中。另外，经常被国外学者采用的企业社会绩效测量工具还包括英国的 EIRIS 数据库（Cox et al.，2004；et al.）和加拿大的 MJRA CSID 数据库（Mahoney and Roberts，2007）。总之，国外的企业社会绩效的定量评价已经发展到非常成熟的阶段，开发出了许多实用性很强的评价指数和数据库，并被广泛的应用于实证研究当中（Neubaum and Zahra，2006；Cox et al.，2008；et al.）。

（2）国内研究现状

国内企业社会绩效研究起步较晚，主要集中在企业社会绩效评价指标体系设计方面。陈维政等（2002）介绍了两种国外较有代表性的企业社会绩效评价模式，即外部利益相关者评价模式和RDAP模式，以期对构建适合我国国情的企业社会绩效评价模式有所启发。随后的相关研究基本上都是基于利益相关者理论展开的。朱火弟和蒲勇健（2004）以利益相关模型为基础，从社会责任和社会敏感性两方面入手建立了适合我国国情的企业社会绩效评价模型，其中社会责任涉及经济责任、法律责任、道德责任与其他责任；社会敏感性涉及对公共事务的准备性、对外重大事件关注度与企业利益的清晰度等等。陈宏辉和窦智（2008）、孟媛等（2009）进一步依据利益相关者理论建立了企业社会绩效评价指标体系，采用层次分析法确定各维度的权重，并进行了实例分析。郭俊芳（2009）还以旅游企业为研究对象，构建了包括游客、员工、社区参与、环境、社会贡献5方面的旅游企业社会绩效评价指标体系。张绪娥（2010）则结合我国企业社会责任的现状，分别从商业道德、生态环保、劳动就业和社会公益四方面，构建了一个社会绩效评价指标体系。

2）企业社会绩效与经济绩效的关系研究

在企业社会绩效的内涵与计量的研究基础上，出现了大量的实证研究，主要集中在企业社会绩效对经济绩效的影响研究方面，研究结论表明"好的企业社会绩效可以促成高的经济绩效"。从环境视角考察企业社会绩效时，Klassen和McLaughlin（1996）认为环境保护对公司绩效预期有显著的正面影响，即企业开展环保活动后，股票收益率会随之得到改善，这表明公众认为环境保护会产生绩效增加的积极预期。污染排放量越大对财务绩效的负面影响越显著（Stanwick，1998），而防污能力强的公司具有更高的绩效水平（Hart and Ahuja，1996），这种相关性在高排污公司尤其显著。Russo和Fouts（1997）、Goll和Rasheed（2004）也发现了环境绩效与经济绩效的正相关关系。Dowel（2000）还发现全球环保标准对企业市场价值同样存在积极的影响。从声誉视角考察企业社会绩效时，Herremans（1993）、Brown（1998）、Schnietz和Epstein（2005）均证实了企业社会声誉与经济绩效之间的正相关关系。另外，一些学者从其他方面探讨了企业社会绩效对经济绩效的作用。如Freedman和Stagliano（1991）考察了强制性信息披露与投资者反应之间的关系，发现合理披露了信息的公司股价比没有披露的公司股价相对要高。

国内关于企业社会绩效和经济绩效相互关系的检验结论不尽相同，一定程度上是由于对企业社会绩效的界定和评价方法不一。如李正（2006）采用内容分析法评价企业社会责任的履行情况，结论表明：从当期看，承担社会责任越多的企业，经济绩效越低，长期来看承担社会责任并不会降低企业经济绩效；杨自业和尹开国（2009）采用行为评估问卷调查方法测度我国上市公司的社会绩效，实证结果表明企业社会绩效与经济绩效显著正相关。考虑到我国企业社会责任披露现状，大部分学者借助财务指标建立企业社会绩效的评价指数来检验其对经济绩效的影响。沈洪涛（2005）利用财务指标计算企业社会责任得分，研究发现企业社会责任与公司绩效呈正相关关系；刘录敬和陈晓明（2010）借鉴沈洪涛的思路评价企业社会责任，发现当期的社会责任对财务绩效没有多大影响，前一期的社会责任对财务绩效有一定的影响，而前两期社会责任对财务绩效有显著的正向影响。温素彬和方苑（2008）利用财务指标衡量社会贡献率发现企业社会贡献率对当期财务绩效的影响为负，但长期来看企业履行社会责任对财务绩效具有积极影响。

1.2.4 机构投资者持股与企业社会绩效文献综述

基于企业社会绩效的机构投资者持股的研究成果主要集中在国外，而且仅有 Neubaum 和 Zahra（2006）以美国证券市场为例单独考察了机构投资者持股对企业社会绩效的影响，基于财富 500 强公司 5 年的数据研究发现：在长期持股的前提下，机构投资者持股和未来企业社会绩效显著正相关，即机构投资者持股能有效改善企业社会绩效。其他绝大部分文献都是研究企业社会绩效对机构投资者持股的影响。Coffey 和 Fryxell（1991）最早对机构投资者基于企业社会绩效的持股偏好进行了实证研究，通过对美国证券市场上的公司进行调查发现了企业社会绩效与机构投资者之间复杂的关联性，即董事会中女性的数量与机构投资者持股比例显著正相关，但公司慈善捐助占税前利润的比例与之没有相关性，更令人惊讶的是苏利文原则（sullivan principles）的履行与机构投资者持股存在微弱的负相关性。该研究并没有发现机构投资者持股与企业社会绩效之间的确切关系，Graves 和 Waddock（1994）认为这与其研究设计有关，比如只选择了一年截面数据作为样本，没有控制公司收益、规模、行业等变量，另外变量的设计具有很大的探索性，并非那么科学合理。因此 Graves 和 Waddock（1994）选取了 430 家美国上市公司两年的数据进行研究，并采用公司中机构投资者数量和机构投资者持股比例两个指标代表机构投资者持股变量，采用 KLD 指数代表企业社会绩效变量，研究结论显示企业社会绩效与机构投资者数量存在显著的正相关关系，而与机构投资者持股比例的正相关性并不显著。Mahoney 和 Roberts（2007）以加拿大上市公司为样本，利用 MJRA CSID 数据库的企业社会绩效数据进行研究，支持了 Graves 和 Waddock（1994）的发现：即企业社会绩效与机构投资者数量显著正相关，而与机构投资者持股比例没有显著的相关性。

上述结论证明了机构投资者与企业社会绩效之间的相关性，但结论并不稳健，一定程度上是由于机构投资者持股与企业社会绩效的互动关系受到很多因素的影响（Petersen and Vredenburg, 2009）。比如经济绩效，Wahba（2008）以埃及的上市公司为研究对象，考察了经济绩效对机构投资者持股与企业社会绩效关系的调节作用，结论表明在不考虑经济绩效的前提下，企业社会绩效对机构持股确实存在显著的积极影响；但考虑到经济绩效之后发现只有在经济绩效好的公司中，社会绩效和机构所有权才存在显著的正相关关系。比如投资期限，Cox et al.（2004）发现企业社会绩效与长期机构投资者持股正相关，而与短期机构投资者持股并不存在显著的正相关性；Neubaum 和 Zahra（2006）以美国证券市场为例，选取财富 500 强公司 5 年的数据作为样本，研究发现长期机构股东持股和企业社会绩效显著正相关，此外当股东积极主义与合作程度增加的时候，正相关关系得到了显著的强化。结论表明除了投资期限，股东积极主义和股东合作程度对机构投资者持股与企业社会绩效之间的关系同样存在显著的影响。

其中机构投资者类型的差异对机构投资者与企业社会绩效关系的影响尤为显著。Johnson 和 Greening（1999）采用结构方程模型，从人的维度（社区、妇女和少数民族、雇员关系）和产品维度（产品质量和环境）两个方面衡量企业社会绩效，研究发现企业社会绩效与养老基金持股显著正相关，而与互动基金和投资银行没有表现出这种相关性。Cox et al.（2004）以 678 家英国上市公司为样本，采用道德投资研究机构（EIRIS）的企业社会绩效数据考察了英国企业社会绩效与机构投资者持股之间的关系。结论表明企业社会绩效与包括养老基金、人寿保险和慈善基金在内的长期机构投资者持股正相关，而与短期机构投资者持股不存在显著的正相关性，甚至与投资信托持股负相关。Cox et al.（2008）进一步对英国养老基金深入研究发现，养老基金内部不同成分对企业社会绩效与机构持股关系的影响也存在显著的差异，其中企业社会绩效对公共养老基金持股的影响程度明显要高于对私人养老基金持股产生的影响，对内部管理基金的影响也高于外部管理基金。

1.2.5 国内外研究存在的不足

目前对机构投资者积极主义的研究主要从公司治理、财务绩效和市场价值三个视角探讨机构投资者的持股行为，而对基于企业社会绩效的机构投资者持股的研究成果并不多，总体来看存在三方面的不足。

1）企业社会绩效评价研究的不足

企业社会绩效是一个多维度的复杂概念，涉及到众多不同的利益相关者，对其界定及评价存在较大的难度。国外对企业社会绩效的研究比较成熟，建立了专门评价企业社会绩效的数据库，如美国的 KLD 指数（Neubaum and Zahra, 2006; et al.）、英国的 EIRIS 数据库（Cox et al., 2004; et al.）、加拿大的 MJRA CSID 数据库（Mahoney and Roberts, 2007）等。国内企业社会绩效的评价研究尚处于起步阶段，大部分文献仅限于直接对企业社会责任的表现进行计量，缺乏对社会责任内容的理论分析与界定。而且不管是用内容分析法（李正, 2006），还是直接采用财务指标（沈洪涛, 2005; 刘录敬和陈晓明, 2010），均存在评价指标的确定主观性较强、公司披露的很多信息可能有所失真的缺陷。少量对企业社会绩效的评价研究成果主要集中在国外评价方法和体系的介绍（陈宏辉, 2007; 贺远琼和陈昀, 2009; 徐本华, 2010; 等）以及企业社会绩效评价指标体系设计（陈宏辉和窦智, 2008; 孟媛等, 2009; 郭俊芳, 2009; 张绪娥, 2010; 等）两个方面。因此，需要对企业社会绩效的内涵和外延进行合理、全面的界定，并进一步对企业社会绩效进行科学、客观的综合评价。

2）机构投资者异质性研究的不足

机构投资者积极主义行为受到很多因素的影响，除了投资期限（Shin, 2006）和业务关系（Cornett et al., 2007）之外，还包括规模、竞争环境、投资策略、获取信息的动机或途径（Almazan et al., 2005）等等，因此机构投资者的异质性导致的持股行为的差异并非以上的分类标准能够全部展现的。例如同属于压力抵制型机构投资者，养老基金与共同基金对高管薪酬（Shin and Seo, 2010）、企业社会绩效（Johnson and Greening, 1999）的监控效果存在很大的差别。即使同属养老基金，公共养老基金和私人养老基金对企业社会绩效的影响都存在很大的差异（Cox et al., 2008）。因此，要进一步剖析机构投资者积极主义的影响因素和机理，科学合理的划分机构投资者，以便深刻了解机构投资者异质性与持股行为的关系。

国内关于机构投资者异质性的研究不多，大都集中在对单一类型的机构投资者的研究（肖星和王琨，2005、邵颖红等，2006、余佩琨和王玉涛，2009）。仅有范海峰等（2009）、唐跃军和宋渊洋（2010）按机构投资者主体的不同对不同机构投资者积极主义的差异进行了对比分析。另外赵洪江和夏晖（2009）、伊志宏等（2010）借鉴 Brickley（1988）的方法，分别就机构投资者异质性与企业创新、高管薪酬机制的关系进行了探讨。然而国内外机构投资者在经营环境、资金规模、投资策略等各方面均展现了显著的差异性，对国外分类标准的生搬硬套显然无法完全表现这种差异。所以确定适合中国证券市场实际情况的机构投资者异质性的划分方法，并深入剖析我国机构投资者异质性与持股行为的联系显得切实而紧迫。

3）机构投资者持股与企业社会绩效关系研究的不足

机构投资者持股与企业社会绩效关系的研究成果并不多，得到的结论也不尽相同。机构投资者持股与企业社会绩效的互动关系成为一个难以厘清的问题，主要体现在以下三个方面：

（1）机构投资者和企业社会绩效互动关系不清晰。Graves 和 Waddock（1994）、Cox et al.（2004）、Mahoney 和 Roberts（2007）以及 Wahba（2008）等学者通过实证研究表明提高公司企业社会绩效会吸引更多的机构投资者，即机构投资者偏好那些社会绩效良好的公司；而 Neubaum 和 Zahra（2006）等学者发现机构投资者持股有利于改善企业社会绩效。这种直接将机构投资者持股比例与企业社会绩效进行回归的处理可能存在内生性问题，难以有效区分到底是企业社会绩效好的企业吸引了机构投资者持股还是机构投资者持股促进了企业社会绩效改善，从而混淆了机构投资者的道德偏好角色和道德改善角色。因此，需要在一个研究框架下分别考察机构投资者基于企业社会绩效的持股偏好以及机构投资者持股对企业社会绩效促进作用，以明确区分机构投资者的道德偏好角色和道德改善角色。

(2) 没有显著的证据表明机构投资者偏好企业社会绩效受哪些因素影响。经济回报对投资者而言是一个很重要的指标 (Michelson et al., 2004),良好的财务绩效同样能增加机构投资者持股 (Graves and Waddock, 1994),同时很多实证也发现企业财务绩效和社会绩效显著的正相关 (Johnson and Greening, 1999; Bermanet al., 1999)。另外,内部控制质量的强弱与企业社会绩效的优劣有着直接的关系,势必对机构投资者持股策略形成一定的影响。所以很难判断机构投资者持股社会绩效良好的公司到底是出于"制度因素"、"经济因素" (Teoh and Shiu, 1990) 还是"道德因素",或者机构投资者的道德偏好中掺杂了多少制度因素或经济因素,需要深入分析。

(3) 缺乏对机构投资者表现出道德偏好的内在原因进行深入探讨。影响机构投资者基于企业社会绩效的持股偏好的因素有很多,包括经济因素 (Wahba, 2008)、制度因素、投资期限 (Cox et al., 2004)、股东积极主义 (Neubaum and Zahra, 2006) 等。但最根本的原因应该是投资策略 Cox et al. (2008),因为机构投资者基于企业社会绩效的持股偏好源于筛选策略的运用 (Cox et al., 2004),不同的筛选策略直接影响机构投资者的持股偏好。所以,在检验机构投资者道德偏好的基础上,就需要进一步研究出现这种偏好的根本原因,即着重考察机构投资者持股策略的运用。

1.3 技术路线及研究内容

1.3.1 技术路线

本文按照"提出问题→分析问题→问题建模→解决问题"的思路展开研究(如图 1 - 2 所示),首先基于研究背景提出研究问题,其次对基于企业社会绩效的机构投资者持股进行理论分析,然后根据问题构建模型进行实证分析,最后得出研究结论。

1.3.2 研究内容

本文研究的主要内容包括四大部分,即绪论部分、理论分析部分、实证分析部分和结论部分。

1) 绪论

```
┌─────────────┬──────────────────────────────────────────────┐
│             │              企业社会责任困境                │
│  提出问题   │      机构投资者 ── 研究背景 ── 股东积极主义   │
│             │                    ↓                         │
│             │   基于企业社会绩效的机构投资者持股研究       │
├─────────────┼──────────────────────────────────────────────┤
│  分析问题   │   基于企业社会绩效的机构投资者持股理论分析   │
│             │   相关理论 → 机构投资者 → 因素：机构投资者 → 机构投资者 │
│             │   基础介绍   企业社会绩效   企业社会绩效     企业社会绩效 │
│             │              持股视角动机   持股视角影响     持股视角方式 │
├─────────────┼──────────────────────────────────────────────┤
│  问题建模   │   基于企业社会绩效的机构投资者持股实证分析   │
│             │   企业社会 → 机构投资者 → 因素检验 → 机构投资者 → 机构投资者 │
│             │   绩效界定   持股偏好                持股策略   持股效果 │
│             │   与计量     检验   持股偏好影响     检验       检验   │
├─────────────┼──────────────────────────────────────────────┤
│  解决问题   │                  结  论                     │
│             │                  政策建议                   │
└─────────────┴──────────────────────────────────────────────┘
```

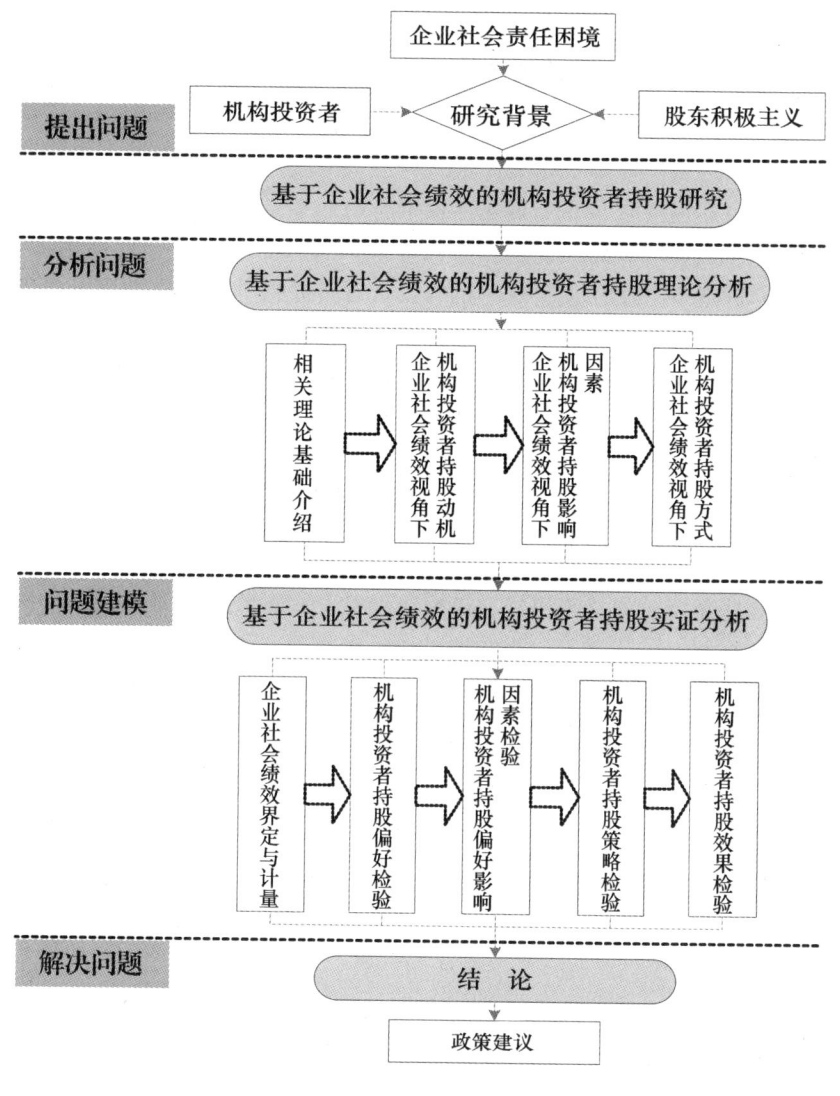

图 1-2 技术路线图

首先进行研究背景的介绍，基于此引出研究主题，并归纳研究目的及意义。其次对国内外研究文献进行综述，包括机构投资者积极主义研究、机构投资者异质性研究、企业社会绩效研究、机构投资者持股与企业社会绩效关系研究，并提出了现有研究的不足。然后根据研究不足、针对研究主题进行本文研究思路的设计及研究内容的介绍。最后归纳出本研究的主要创新点。

2）理论分析

对基于企业社会绩效的机构投资者持股研究有关的理论基础进行阐述，涉及机构投资者与股东积极主义相关理论，包括机构投资者、股东积极主义和机构投资者积极主义；企业社会绩效界定的相关理论，包括企业社会绩效相关概念的发展、企业社会绩效的概念模型；企业社会绩效评价的相关理论，包括企业社会绩效的评价方法与评价工具。在此基础之上，进一步分析基于企业社会绩效的机构投资者持股机理，涉及机构投资者的持股动机，包括主观持股动机和客观持股动机；机构投资者持股的影响因素，包括外部影响因素和内部影响因素；机构投资者的持股方式，包括间接持股方式和直接持股方式。

3）实证分析

在对企业社会绩效进行界定和计量的基础上，对基于企业社会绩效的我国机构投资者持股偏好与机制进行实证检验。首先分析我国机构投资者基于企业社会绩效的持股偏好，考察企业社会绩效及其各维度对机构投资者持股是否存在影响，以体现我国机构投资者对企业社会绩效的偏好，即持股过程中是否扮演道德偏好角色。其次，从制度因素和经济因素两个方面分析企业社会绩效视角下我国机构投资者持股偏好的影响因素；再次，从持股策略和持股效果两个方面分析我国机构投资者基于企业社会绩效的持股机制，以体现机构投资者持股偏好产生的方式及效果。并在持股效果分析的基础上进一步考察我国机构投资者对企业社会绩效的改善作用，深入探讨我国机构投资者持股过程中是否扮演道德改善角色。

4）结论

通过理论分析与实证分析探讨我国机构投资者基于企业社会绩效持股偏好和持股机制，以了解我国机构投资者在持股过程中扮演着什么角色。进而根据研究结论提炼相应的政策建议。

1.4 主要创新点

1）建立了我国企业社会绩效评价指标体系与因子分析模型

作为一个涉及众多利益相关者的多维度复杂概念，企业社会绩效的界定及评价存在较大的难度。国外建立了专门评价企业社会绩效的数据库，而国内企业社会绩效的评价研究尚处于起步阶段，不管是对企业社会绩效内容的界定、还是对企业社会绩效计量方法的选择均存在一定的不足。

因此，本文基于利益相关者理论对企业社会绩效的内涵和外延进行合理、全面的界定，并根据企业社会绩效的内涵与影响因素构建了涵盖股东、债权人、政府、员工、供应商、消费者、社会公益七个方面共计23个指标的指标体系。然后基于我国深沪两市A股上市公司5年的数据，构建了企业社会绩效因子分析模型，对我国上市公司的企业社会绩效进行了综合评价。

研究结论显示，我国企业社会绩效近年总体处于微弱的上升趋势，其中国有控股公司的企业社会绩效最高，外资控股公司次之，民营控股公司最差；采掘业、交通运输仓储业等行业的企业社会绩效较高，而制造业、建筑业以及农、林、牧、渔业较低。

2）建立了基于企业社会绩效的机构投资者持股偏好检验模型

机构投资者持股与企业社会绩效关系的研究主要集中在国外，研究成果并不多，得到的结论也不尽相同。而且大多数研究直接将机构投资者持股比例与公司绩效进行回归处理，难以有效区分到底是企业社会绩效好的企业吸引了机构投资者持股还是机构投资者持股促进了社会绩效改善，从而混淆了机构投资者的道德偏好角色和道德改善角色。

因此，本文建立了基于企业社会绩效的机构投资者持股偏好检验模型，分别检验企业社会绩效与机构投资者整体持股的关系、企业社会绩效与各类机构投资者持股的关系、企业社会绩效各维度与机构投资者持股的关系，以明确考察机构投资者基于企业社会绩效的持股偏好，深入分析机构投资者在持股过程中扮演的道德偏好角色。同时，也进一步分析了制度因素和经济因素对持股偏好的影响。并对持股偏好检验模型的内生性及稳健性进行了分析与检验，巩固了模型的可靠性。

研究结论显示，我国机构投资者在投资决策的制定中越来越多的关注企业社会绩效，体现了道德偏好角色。另外，不同类型的机构投资者基于企业社会绩效的持股偏好存在较大差异，只有基金表现出类似机构投资者整体的道德偏好。这种道德偏好角色受到制度和经济两方面因素的影响。

3）建立了基于企业社会绩效的机构投资者持股机制检验模型

现有文献对机构投资者基于企业社会绩效的持股偏好背后的机制缺乏相应的探讨，比如缺乏对机构投资者持股偏好产生的内在原因进行深入探讨；比如缺乏文献专门讨论机构投资者持股对企业社会绩效产生的影响，以分析机构投资者持股时体现的道德改善角色；等等。

因此，本文建立了基于企业社会绩效的机构投资者持股机制检验模型，包括持股策略检验模型和持股效果检验模型。分别考察基于企业社会绩效的我国机构投资者的持股策略与持股效果，以了解我国机构投资者道德偏好形成的过程以及产生的效果，进而根据持股效果分析结论考察我国机构投资者在持股过程中扮演的道德改善角色。同样对持股机制检验模型的内生性及稳健性进行了分析与检验，巩固了模型的可靠性。

研究结论显示，机构投资者持股偏好形成主要是投资过程中对筛选策略的采用，持股时偏好对社会有正面贡献公司的同时也会避免投资产生负面影响的公司，但以正面筛选策略为主。而且持股之后，机构投资者对企业社会绩效仅存在微弱的促进作用，尚没有表现出显著的道德改善角色。

2 基本概念与理论基础

2.1 机构投资者与股东积极主义

2.1.1 机构投资者

19世纪80年代,第一支私人基金的创建,标志着相对个人投资者而言的机构投资者(Institutional investors)这种形式正式出现。事实上,早在60年代机构投资者的原始形式就已经有所表现,当时英国的一些资金持有人为了有效控制信用风险,聘请专业人士管理投资者的资产并成立了信托投资公司,这就是机构投资者雏形。机构投资者是在现阶段非常专业化的社会大分工的背景下出现的,其投资具有异常专业化、组织化以及社会化的特点,是金融信托业发展到一定阶段的产物。针对机构投资者的明确定义有很多,比较有代表性的定义有:《新帕尔格雷夫货币与金融词典》认为"机构投资者是一类专业化的金融机构,必须保证基金收益人得到预期的收益,因此他们在管理着养老基金、人寿保险基金、投资基金或单位信托基金的过程中,对资金的运作均通过专业人员进行,按照每天各方面环境的具体变化动态的调整资金的安排。"《金融与投资术语词典》将机构投资者界定为一种组织,该类组织主要以交易大宗证券为主要业务,以纽约股票交易所为例每天50%以上的,甚至达到70%的交易业务均来自机构投资者。典型的机构投资者比如共同投资基金、保险公司、养老基金、公司利润分享计划以及大学捐助基金等。《投资与证券大词典》则认为机构投资者是主要进行大宗交易的机构,通过高交易量和低手续费的操作手法为自己或其他受益人谋取收益。而国内的《证券词典》将机构投资者定义为与个人投资者相对的团体投资者,通过募集自由资金或信托资金来开展投资活动,即从投资者、保户或储户等不同的地方募集成规模的资金,并把其中的一部分通过证券投资活动投入到资本市场。其相较个人投资者而言，机构投资者资金基础雄厚、信息搜集及处理能力突出、擅长组合投资策略。基金公司、信托投资公司、保险公司、银行、慈善机构等等都属于机构投资者。事实上，目前关于机构投资者的定义并没有达成一致，但对于机构投资者的属性却达成了共识，即机构投资者具有以下几个属性：集合投资的规模性、代客理财的中介性、投资运作的专业性、股权投资的收益性。而且相比个人投资者，机构投资者还具有较强的价格干预意识和干预能力、集体化的投资决策、有限理性与羊群行为、价值投资与中长期投资等特征。

可是，因为不同国家所处的背景和文化等的差异，对于机构投资者所涵盖的范围则有明显区别。以机构投资者最为发达的经合组织（OECD）为例，机构投资者主要涵盖养老基金、保险公司、开放式基金、封闭式基金、对冲基金、投资银行、商业银行、证券公司以及各类捐赠基金等，具体到不同成员国间还存在一些差异。在美国，机构投资者一般是指非银行金融机构，因为该国对银行股权投资进行了严格控制，由此美国的机构投资者主要涵盖共同基金、养老基金、保险公司、福利基金等；在英国机构投资者一般指的是养老基金、指数基金、保险公司以及信托投资公司等；在德国与日本，受制于传统观念的掣肘，诸如共同基金、福利基金等机构投资者持股比例很小，大量的股权仍然为银行所有；而韩国机构投资者发展较缓，像保险公司、全国福利基金等之类的机构投资者因为相对较小的持股规模，介入公司治理的积极性并不高，持股的主要目的仅限于资产管理。此外，从20世纪末开始，许多诸如中国、韩国、印度、巴西等新兴的国家与地区，一边推进国内机构投资者成长的同时，一边逐步推行境外机构投资者（QFll）制度，大规模的引入境外机构投资者，这些投资者成长为资本市场上举足轻重的力量，有的甚至在规模上比当地的国内机构投资者还要大。以韩国为例，该国股市在2002年由外资持股的比例达到36%，远高于国内机构投资者占有的15.9%的比例（Koetal, 2007）；而以印尼2007年的股市为例，外国机构投资者的持股比例占到总市值的41%、对流通市值的占比甚至达到70%左右（kulee, 2009）。对本文而言，研究的机构投资者主要涵盖基金、QFII、券商、保险公司、社保基金、信托公司等。

2.1.2 股东积极主义

尽管 20 世纪 60 年代末股东积极主义（Shareholder activism）才开始受到学者们的关注，但事实上这种行为在 30 年代初期就已经出现。基于美国投资者责任研究中心（Investor Responsibility Research Center）的文件可知，在 1932 年在纽约联合煤气公司（New York City's Consolidated Gas Co.）第一次出现了股东积极主义行为，即 Lewis Gilbert 号召小股东们团结起来改变股东年会仅仅是"草率的法律仪式"的现状，当对管理层不满时应积极和管理层进行沟通，而并非仅仅通过减持股份来用脚投票。而到了 1943 年，美国证券交易管理委员会（SEC）颁布了 14a-8 规则（Rule14a-8）之后，Gilbert 等人就开始采取"代理权程序"（The proxy process）为他们对公司的不满提供发声路径（Talner, 1983）。Saul Alinshy 也是股东积极主义的代表人物，早年他便提倡借助股东大会的平台，促进公司调整其社会政策的制定。以他为核心的一个组织被称为 FIGHT，该组织通过募集并代理所有股东的投票权来提升他们在公司的话语权（Monks 和 Minow, 1991）。而到了 60 年代末，诸如 Honeywell 和 DowChemical 之类的公司受到大量反越战问题的影响，股东为了反对战争提交了大量抵制涉及武器和凝固汽油业务的提案，并得到了法庭的支持进而实施，这次事件标志着股东积极主义首次迈入到真正有组织、影响广泛的阶段。

股东积极主义的早期阶段主要是个人投资者行使积极的投资策略，而此时的机构投资者通常采取的是相对比较淡漠的投资策略。积极的个人投资者不仅仅关注企业的经营层面的情况，还会关注企业社会层面的情况。个人投资者的这些积极行为给企业带来了很多"障碍"，所以被冠以"牛蝇"（Gadfly）之称，可是由于他们的话语权有限，因此对于管理层的监督治理能力并不强。Useem（1993）指出，对于公司的决策行为机构投资者很少介入，则多由个人投资者或者团体向公司提出相关提案。在 20 世纪 80 年代这个时期，一些发达国家机构投资者的持股比例开始不断增多，使得他们慢慢摒弃了"华尔街准则"（Wall street rule），因此他们通过采取积极的行为参与公司治理，不断加强对管理者的监督，着力防范管理者的道德风险（Moral hazard）（Shleifer and Vishny, 1986），并遏制公司治理中的"搭便车（Free-rider）"问题（Maug. E, 1998）。以美国为例，从 1984 年开始采用股东提案的机构投资者及其他们的提案越来越多，以至于到了 1986 年，股东提案数量甚至超过 1000 个（Guercio and Hawkins，1999）。

目前为止，学术界并没有给出一个关于"股东积极主义"（Sharehol-de activism）标准、统一的定义，文献当中通常只是描述股东积极主义的一些表现形式。Blair（1995）认为股东积极主义是一种较为积极与主动的状态，表现为积极主动的干预公司事务，并以长期持股作为投资目标。Smith（1996）把"股东积极主义"看做是参与公司组织的一种方式，尤其是对那些不以股东财富最大化为目标的公司进行监控与干预。Gillan 和 Starks（2000）则表示股东积极主义体现在对公司绩效的积极而持续的监督。Stephen（2005）将股东积极主义界定为股东对公司事务、政策以及管理人员的监控与干预，特别是在公司绩效恶化时积极的运用表决控制权。诸如此类的表述还有"有效的所有权"（Michael Jacobs, 1993）或"实际所有者"（Ira Millstein, 1992）。哈佛大学的 Pond 则用"关系投资"（Relationship investment）来界定股东积极主义行为；而 Eric Berglof（1999）认为由"保持距离"（Arm's-length）型投资策略向"控制导向"（Control-oriented）型投资策略的转变就是股东积极主义的体现。

因此，股东积极主义可以被认为是股东，特别是机构股东借助所持股份的投票权积极主动的监控与干预公司管理层，以达到改善公司业绩的持股目的。当公司决策不符合所有股东利益的时候，股东一般存在三种策略对公司管理层表达不满：第一种策略是"用脚投票"，即卖掉其投资的股份；第二种策略是"用手投票"，即并不马上卖掉持有的股份，而是借助各种正式或非正式的手段影响管理层，以期提升公司的经营业绩；第三种策略既不是"用脚投票"，也不是"用手投票"，仅仅是继续持有股份，且保持沉默。Hirschman（1971）则将上述三种策略称为：退出（Exit）、发言（Voice）以及忠诚（Loyalty）。股东积极主义本质上就是对股东而言，将策略选择从退出或忠诚调整为发言过程。基于主体类型的不同可将股东积极主义分成两类，即个人股东积极主义（Individual shareholder activism）与机构股东积极主义（Institutional shareholder activism）。其个人股东积极主义就是基于个人主体的股东积极主义，而机构股东积极主义是指基于基金公司、保险公司、信托公司等机构主体的股东积极主义，而这个"机构"特指机构投资者，因此也有学者将机构股东积极主义称为机构投资者积极主义（Institutional investor activism）。

2.1.3 机构投资者积极主义

机构投资者相较个人投资者更加倾向于采取理性投资策略，一般会进行更为稳定的投资组合策略。在投资组合中，机构投资者对各持股公司的股票持有比例保持相对稳定的分布，以指数组合投资为例，个股权重的确定完全是基于该公司发行股票的规模及其市场价格进行的，在该指数组合确定后，机构管理层的任何人都不能随意调整个股的权重。在选定了投资组合之后，在没有决定改变组合类别之前，机构投资者通常不会全部出售该投资组合中的成份个股。因此从传统上来看，美国、英国等国家的机构投资者一般不积极参与公司治理，仅仅只是采取被动持股"用脚投票"的策略。随着持股比例的持续增长，机构投资者也越来越倾向于主动、积极的监控与干预所投资的公司的管理层（Shleifer and Vishny，1986），机构投资者积极主义的兴起为"伯利—米恩斯难题"的破解带来了希望。以美国为例，仅在1992年11月至1993年12月的13个月内，机构投资者就协助诸如美国运通公司（American ExPress）、伯顿公司（Borden）、通用汽车公司（GM）、IBM公司、柯达公司以及西屋公司（Westinghouse）等国际知名的大公司成功地撤换了CEO（Blair，1995），被认为是机构投资者以股权之"手"参与公司治理的标志性事件。同时也宣告公司治理从由经理人执掌实权、不受监督控制的"管理人资本主义"蜕变到由投资者监控管理层的"投资人资本主义"。机构投资者强大的资本力量使成熟市场上的公司股权结构产生了根本性改变，进而使其在公司治理中扮演着越来越重要的角色。

机构投资者行使积极主义的形式多种多样，但是普遍采取的方式主要是私下协商和股东提案，主要涵盖范围包括管理人员的聘任、薪酬与激励以及公司的投融资、运营和财务、并购等策略。按照机构投资者采取股东提案后可能得到的回报的多少进行排序，可将股东提案划分成五种类型：

（1）掌握公司控制权的提案（Proxy fights for control）

掌握公司控制权的提案对公司价值有积极的促进作用，尤其当提案通过后。然而，这种方式成本相较而言偏大，且机构投资者通过控制一家公司而获利是受到法律禁止的。另外和投资银行相比，机构投资者并非实施控制权的专家。

（2）反对经理提议的动议（Proxy campaigns against management proposal)

鉴于很难通过掌握控制权而获取潜在的收益,机构投资者不是非常倾向于发起动议以反对管理层,因为这样并不会对其经济收益产生直接的影响。

(3) 股东决议 (Shareholder resolution)

股东决议是机构投资者参与公司治理的非常适合的途径,因为发起者能够口头收集代理投票权,不需要得到代理投票权的正式批准,使得成本较低。

(4) 非正式影响 (Informal jawboning)

非正式影响是指通过与管理人员直接沟通或者发表公开声明等方式完善公司治理结构、监控公司事务或其他问题。非正式影响的成本相较股东决议更低,只包含联系、差旅等费用以及代表们的时间成本,但收益有可能非常可观。

(5) 解释函 (Explanatory letter)

由于公司一般会将机构投资者的合理化建议纳入考虑范围,因此解释函是最方便、成本最低的积极主义方式,即只需要投反对票或者拒绝投票,并给公司管理层寄一封解释函。

机构投资者借助上述积极主义手段会得到相应的潜在收益,比如促进公司的股价提升以增加机构客户的财务利益、防止公司被恶意收购与接管、确保管理层补偿措施的实行、完善公司的治理结构、推进程序化改革。

2.2 利益相关者

2.2.1 利益相关者的界定

西方学者真正给出利益相关者的定义是上世纪 60 年代以后的事。1963 年"利益相关者"一词由斯坦福研究所首次提出,其给出的定义是对企业来说存在这样一些利益群体,如果没有他们的支持,企业就无法生存 (Clark, 1998)。而 Ansoff (1965) 则是最早正式将"利益相关者"一词引入管理学界和经济学界的,他认为"要制定出一个理想的企业目标,必须综合平衡考虑企业的诸多利益相关者之间相互冲突的索取权,他们可能包括管理人员、工人、股东、供应商以及分销商"。在 20 世纪 70 年代,利益相关者理论开始逐步被西方企业接受。此后,有关利益相关者概念的表述层出不穷，Mitchell 和 wood（1997）曾经详细研究了利益相关者理论产生和发展的历史，总结了自 1963 年到 90 年代中期止西方学者所给出的 27 种有代表性的利益相关者定义。但学术界仍未取得共识，"没有一个定义得到普遍赞同"（Donaldson& Dunfee，2001）。但总体来说，各类利益相关者定义可以按照广义与狭义两大标准进行划分（吴玲，2006）。

1）广义的利益相关者

Freeman（1984）对利益相关者的定义在广义利益相关者界定中最具有代表性。他认为利益相关者是可以影响组织目标的达成或受组织目标达成过程所影响的所有组织或个人。Freeman 不仅将影响企业目标达成的个体和群体视为利益相关者，同时也将受企业目标达成过程中所采取的行动影响的个体和群体看作利益相关者，并正式将当地社区、政府部门、环境保护主义者等实体纳入利益相关者管理的研究范畴，大大扩展了利益相关者的内涵。这个定义也成为后来研究者引用频率最高的一种定义。然而，有学者认为 Freeman 对利益相关者涵义的界定过于宽泛，很难进行实证研究和实际运用，从而产生了狭义利益相关者的定义。

2）狭义的利益相关者

Clarkson（1994）对利益相关者的定义在狭义利益相关者界定中具有代表性，认为利益相关者在企业的运营当中投入了很多，包括货币、知识、房产等，从而对一个企业及其活动拥有索取权、所有权和利益要求。利益相关者承担的风险越大，其与企业的关系就越紧密。这一定义缩小了利益相关者的界限，注重对企业的投入，从而将一些其他利益相关者划归于界定之外。国外学者普遍通过是否与企业活动有关，是否投入资本等对利益相关者进行界定。国内学者基本上也采纳相同观点，与国外学者的定义不尽相同，杨瑞龙、周业安（2000），他们也是以狭义定义来界定利益相关者概念。

2.2.2 利益相关者的分类

从 20 世纪 80 年代末开始，很多研究人员发现只是笼统的给出利益相关者的概念并不能满足研究需要，根据不同的角度细分出的不同类型的利益相关者对企业的影响是不同的（陈宏辉和贾生华，2004），从而开启了利益相关者分类研究的热潮。学术界对于利益相关者的界定没有统一意见，关于利益相关者的分类同样没有达成一致。目前，国际比较通用的是多维细分法和米切尔平分法。

1）多维细分法

从80年代初到90年代中期期间，学者们比较常用的分类方法为"多维细分法"，主要的研究结果如下：

Freeman（1984）按照企业与利益相关者的关系从所有权、经济依赖、社会利益方面进行了分类：具有所有权关系是指企业股票持有者；具有经济依赖关系的是指管理层、职员、债权人等；具有社会利益关系的是指政府机关、媒体以及特殊群体。

Frederick（1988）根据利益相关者与企业的利益关系及影响程度将其分为直接利益相关者和间接利益相关者。与企业产生直接交易关系的称为直接利益相关者，主要有股权人、职工、客户、债权人等。与企业不产生直接交易关系的称为问题利益相关者，主要有：政府部门、社会群体和传媒等。

Grant等（1991）按照威胁的潜力与合作的潜力，将利益相关者分为支持型、边缘型、混合型与反对型四类。

Charkham（1992）按照利益相关者与企业是否存在交易契约，将利益相关者分为契约型和公众型利益相关者。其中，前者是指股权人、职工、客户等。后者是指政府机构、监管部门、传媒、社区等。

Clarkson（1994）按照利益相关者在企业运营的过程中是否自愿承担风险，可分为自愿型和非自愿型。自愿型利益相关者是指在企业的运营当中投入了财物或者知识的个人或组织，他们自愿承担企业经营活动所带来的风险。非自愿利益相关者是指一些个人或者组织非自愿的承担了企业经营活动所带来的风险。Clarkson（1995）按照与企业关联程度将利益相关者分为主要和次要的利益相关者。前者是指如果没有这些个人或者群体存在和介入，企业的发展甚至存在都会受到影响，这些个人或者群体包括股权人、职员、客户以及债权人等。后者是指对企业的运作具有间接的影响作用，不直接参与企业的运营，从而并不会对企业的发展甚至存在产生关键影响，例如环保人员、传媒、教育人员等。

Wheeler和Maria（1998）在借鉴Clarkson（1995）提出的紧密性分类方法的基础上将企业的社会性维度引入到利益相关者分类中，将利益相关者分为主要的社会性利益相关者、次要的社会性利益相关者、主要的非社会性利益相关者、次要的非社会性利益相关者。主要的社会性利益相关者是指商业合作团体、顾客、股权人、债权人等。次要的社会性利益相关者是指政府机构、社会、工会、媒体和评论家、贸易团体以及竞争对手等。主要的非社会性利益相关者是指自然环境、非人类物种和人类后代。次要的非社会性利益相关者是指环境压力团队和动物利益压力团体。

2）米切尔评分法

90年代末，Mitchell和Wood（1997）提出的"米切尔评分法"是一种基于评分来对利益相关者进行分类的方法，由于其在使用的过程当中方便、易于操作等特点，进而得到了研究同行的认同，进一步推动了利益相关者理论的发展。

米切尔评分法将利益相关者的界定与分类结合起来。首先，通过三个属性对利益相关者评分，判定是否为利益相关者。只要满足合法性、权力性和紧迫性三个属性之一，就成为了一个企业的利益相关者。其中，合法性是指在法律范畴被赋予某种索取权的个人或组织；权力性是指能够在某种程度上对企业的决策产生作用的个人或组织；紧迫性是指能够及时引起企业内部注意的个人或组织。其次，根据企业的具体情况，按照三个属性评分后，将利益相关者细分为确定型利益相关者、预期型利益相关者、潜在型利益相关者三类，如图2-1所示。确定型利益相关者，同时拥有合法性、权力性和紧迫性三个属性，⑦是确定型利益相关者。企业为了保证自身的持续发展，必须满足确定型利益相关者的需求。典型的确定型利益相关者包括股权人、职工和客户。预期型利益相关者同时拥有三个属性中的任意两项，④⑤⑥是预期型利益相关者。例如，如果某一个人或组织同时拥有合法性和权力性属性，例如政府机构，在某些时候有可能会对企业进行干预，因而会得到企业的注意。潜在型利益相关者三类是指只拥有合法性、权力性、紧迫性三个属性中一项的群体，①②③是潜在的利益相关者。

国内部分学者对利益相关者的分类主要是借鉴国外学者的研究成果，再结合我国的实际情况对利益相关者提出分类。例如万建华等（1998）、李心合（2001）、陈宏辉（2003）、吴玲（2006）等人。

2.3 企业社会绩效界定

2.3.1 企业社会绩效相关概念的发展

"企业社会绩效"一词译自"Corporate social performance"，缩写为"CSP"。也有文献翻译为"公司社会绩效"、"公司社会表现"或"公司

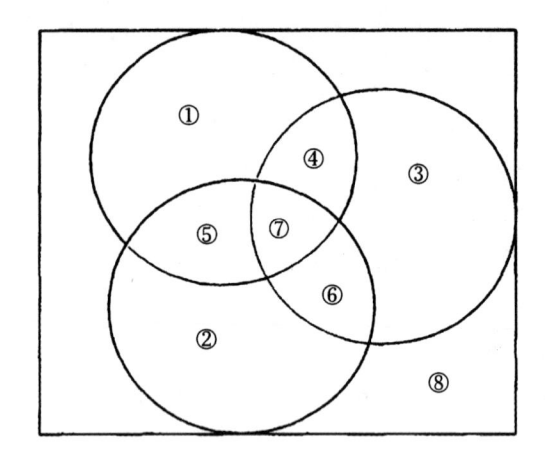

图2-1 基于评分法的利益相关者界定

社会业绩"等，本文统一译为"企业社会绩效"。

1）相关概念的发展脉络

企业社会绩效等一系列相关概念均是围绕企业社会责任（Corporate social responsibility）概念逐步发展起来的，包括商业道德（Business ethics）、商人的社会责任（Social responsibility of businessman）、企业社会责任、企业社会响应（Corporate social responsiveness）、利益相关者模型（Stakeholder model）、企业社会绩效、企业公民（Corporate citizenship）等（如图2-2所示）。本文以企业社会绩效为线索对相关概念的发展脉络进行梳理。

（1）企业社会绩效概念的缘起

企业社会绩效源于企业社会责任概念，而企业社会责任的思想可以追溯到19世纪英国工业革命后期。进入20世纪，Clark（1916）成为最早思考企业社会责任问题的学者，随后Dodd（1932）继承了Clark的思想，提出"经理人需要有自己应该承担一定社会责任的理念"。20世纪三四十年代还出现了两部非常有影响力的著作，Barnard在1938年出版的《经理人的职能》以及Kreps在1940年出版的《衡量企业的社会表现》，丰富了企业社会责任的思想。企业社会责任的正式研究始于20世纪50年代，1953年，里程碑式的著述《商业人士的社会责任》被认为是开启了企业社会责任时代，其作者Bowen也被称为"企业社会责任之父"。20世纪70年代，这段时期大量学者们对企业社会责任进行了深入探讨，主要是

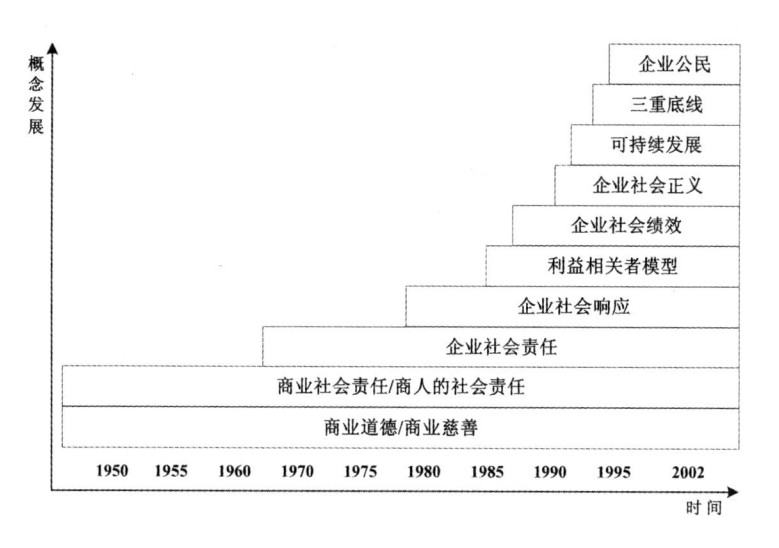

图 2-2 企业社会绩效等相关概念的发展脉络

资料来源：根据 Bakker et al.（2005）整理

针对其内涵展开研究，并试图给出一个明确的概念。

（2）企业社会绩效概念的产生与发展

20世纪70年代，关于企业社会责任内涵的争论仍在延续，包括赫赫有名的"Berle-Manne论战"。企业社会绩效概念正是在这些争论中产生的，同时产生的概念还有企业社会响应、利益相关者模型等，并初步形成了以企业社会责任为核心的理论体系。20世纪80年代，实证研究更多的取代了之前的理论研究，研究重点也越来越转向企业社会绩效，出现了大量的关于企业社会绩效界定、计量的实证研究成果。到了20世纪90年代企业社会绩效理论模型、量表与实证研究大量涌现，包括经典的 Wood（1991）企业社会绩效模型、Carroll（1991）三维概念模型和利益相关者模型，并大致确定了基于利益相关者的企业社会绩效研究方向。

（3）企业社会绩效研究的进一步拓展

从20世纪末开始，一直到进入21世纪，企业社会绩效的实证研究成果日益丰富，且呈现出多元化的趋势。除了企业社会绩效的概念模型与量表的不断完善之外，研究慢慢拓展到企业社会绩效影响因素的研究、企业社会绩效与公司治理关系的研究、企业社会绩效与经济绩效关系的研究，其中对企业社会绩效与经济绩效互动关系的分析是主流方向。

2）相关概念的界定

企业社会绩效的相关概念很多，本文主要介绍影响较为深远的几个概念，企业社会责任、企业社会响应和企业公民。

(1) 企业社会责任

1851年英国企业家Titus Salt提出了一个体现出企业社会责任的基本理念，即"企业有义务促进社会的发展"，算是企业社会责任概念的雏形。企业社会责任的正式研究始于20世纪50年代，"企业社会责任之父"Bowen（1953）认为，企业社会责任包含"企业人按照社会普遍认可的社会目标和价值观来追求相应的政策，作相应的决策或遵循相应的行动标准"。Bowen明确表述了企业社会责任的观点，很容易可以看出它给现代企业社会责任研究打上的烙印，Bowen对社会责任的定义代表了20世纪50年代主要的理论文献。到了60年代，第一位也是最具影响力的研究者是Davis，Davis（1960）把企业社会责任定义为"至少部分动机是超出企业直接经济和技术利益之外的生意人的决策和行动"。70年代最为重要的一个定义来自于经济发展委员会（CED）（1971），在美国经济发展委员会于1971年发布的《商事公司的社会责任》报告中，该机构明确表示："企业的职责要得到公众的认可，企业的基本目的就是积极地服务于社会的需要——达到社会的满意。"20世纪80、90年代关于企业社会责任的争论一直在持续，并不断推进企业社会责任理论体系发展与完善。

进入21世纪，欧盟委员会（2002）对企业社会责任的各种定义进行比较发现，所有定义存在三个共同点：第一，企业社会责任是公司在法律要求之上，自愿采取的行为，因为公司认为这样做符合其长期利益；第二，企业社会责任本质上是与持续发展的概念联系在一起的，持续发展要求企业将经营活动的经济、社会和环境影响结合在一起；第三，企业社会责任不是公司核心活动之外可以任意选择的"附加品"，而是如何管理经营活动的一种方法。但是，直到现在对企业社会责任的认识仍然没有统一的定论，企业的社会责任是一个历史的范畴，它因企业的发展而变化和发展着，在不同的历史时期有着不同的涵义。

(2) 企业社会响应

20世纪60年代末到70年代初，世界的政治、经济和社会环境出现了激烈的动荡，人们面对动荡不定的变化感到非常不安和不满，于是向政府等施加压力。这些激烈的动荡不定迫使人们寄希望于企业，学者们开始将注意力从研究表面的企业社会责任的界定层面转移到公司与社会的互动层面，包括公司对社会的需求和期望的满足，对社会压力的应对以及对社会问题的管理等。企业社会响应正是在这一背景下被提出来，一些研究者甚至提出用"社会响应"来代替社会责任。早期的代表人物有：基思·戴维斯和罗伯特·L. 布罗斯特罗姆（1971）；阿克曼（Robert W. Ackerman）（1973）；普雷斯顿（Lee E. Preston）和波斯特（James E. Post）（1975），他们分别对企业社会响应的概念、内容等进行了研究。

随后，理论家们针对企业社会响应与企业社会责任的关联问题以及其在企业社会责任研究领域中的地位问题出现了不同的声音。其中最有代表性的两派观点是：弗雷德里克（WilliamC. Frederick）与塞西（S. Prakash Sethi）等人把企业社会响应当做对公司与社会领域关系进行研究的延续，一定程度上甚至能够代替企业社会责任；而卡罗尔、沃蒂克（Steven L. Wartick）、寇兰（Philip L. Cochran）和伍德（Donna J. Wood）则持有不同意见，即企业社会响应与企业社会责任是两个相对独立的概念，具有同样的重要性，只是侧重点不同。理论界对企业社会响应的提出原本是试图对公司与社会的关系进行明确而规范的界定，进而取代含混不清的企业社会责任概念，然而这种美好的预期并没有实现。企业社会响应概念本身不是非常完善，导致其与企业社会责任概念形成了互相竞争的局面。但有一点还是值得肯定的，那就是企业社会响应通过环境评估与管理过程等方面把企业社会责任的抽象概念转化成管理者的具体行动。

（3）企业公民

企业公民的思想可以追溯到 20 世纪 60 年代，McQuail（1963）就提到"企业应当关注政治、社区福利、教育乃至员工的幸福。因此，企业应当公正的行事，就像体面的公民一样。"到 1980 年代，企业公民被引入到企业的实务当中之后开始被频繁使用，从 1990 年代开始逐渐出现在学术研究中（Garriga and Mele，2004）。直到 2002 年美国纽约举办的世界经济论坛的召开，企业公民概念才开始被引入到全世界各个地方。这一届的论坛上 34 个全球最大的跨国公司的 CEO 联合签署了一份《全球企业公民——CEO 与董事的领导挑战》声明，对企业公民给出了广受企业界认可的界定，即公司通过核心业务、社会投资、慈善项目以及公共政策为社会做出贡献。

企业公民概念的本质与核心是"公民权"，那么"企业是公民？企业像公民？还是企业是公民权的管理者？"这三个问题在对"公民权"进行深入剖析的基础上出现了。根据这三个问题，理论界产生了狭义的、广义的以及延伸的三种不同企业公民观。从历史传承的视角来看，一方面，企业公民狭义的企业社会责任、企业社会响应、企业社会绩效以及利益相关者管理等概念整合到一个理论体系中，有效的继承了企业与社会的关系中企业对社会承担责任的传统；另外，企业公民重新剖析了企业与社会的关系，站在"公民权"的高度进行了理论上的突破。

2.3.2 企业社会绩效的概念模型

企业社会绩效是目前企业社会责任研究领域的一个相当重要的概念。虽然对企业社会绩效的研究出现的较晚，但是其影响力却不容小觑。企业社会绩效也有狭义与广义之分，其中狭义的企业社会绩效更加重视企业社会责任的外部评价，即强调企业在社会责任方面的表现怎么样；而广义的企业社会绩效是一个独立的研究框架，是研究企业社会责任的新框架，即广义的企业社会绩效是"由社会责任原则、社会响应过程以及可观测到的结果（包括公司政策、规划和其他可观测到的结果）三者构成的体系"（Wood，1991）。

1）Carroll 与"三维概念模型"

有关企业社会责任研究得到的多种不同的结论，随着 Carroll 的"企业绩效三维概念模型"的出现而成为一个系统理念，并且获得了学术界的一致认同。它成为了从狭义的企业社会责任、企业社会响应研究向企业社会绩效研究过渡的桥梁。Carroll（1979）指出，企业社会绩效涵盖三个完全不同而又异常重要的维度，即企业社会责任、社会问题管理和企业社会响应。"企业绩效三维概念模型"被认定时企业社会绩效研究领域的经典之作，成为企业社会绩效第一个权威的框架模型。在这个模型中，除了四要素的企业社会责任之外，社会响应和社会问题管理分别归属于企业社会绩效的另外两个维度。社会责任依赖于实际的社会问题而存在，而企业社会响应可以帮助管理者直接定位到社会责任的实践，不需要为"社会责任到底是什么"这样哲学问题所困扰。具体来看"三维概念模型"中第一个维度即为企业社会责任维度，涉及企业经济责任、法律责任、道德责任和自愿责任（慈善责任）四个因素；第二维度是社会问题管理维度，阐明与社会责任相联系的社会问题或者主要领域，涉及消费者、环境、产品等各类社会问题；第三维度为企业社会响应维度，主要"阐释企业或管理者在响应企业社会责任和社会问题时基于的理念、方法或战略",包括对抗型（Reactive）、防御型（Defensive）、适应型（Accommodative）和主动型（Proactive）四种响应战略（如图2-3所示）。

"三维概念模型"第一次正式确定了企业应承担的社会责任，与社会责任相关联的社会问题，企业适应社会压力、满足社会预期能够采用的战略等内容。三维模型不仅将企业社会责任领域已有的研究成果有效结合在一起，还很好克服了企业社会责任含糊性和单向思维的局限，以及企业社会响应缺乏道德基础的问题。Carroll 指出："在企业社会绩效框架之下，企业的社会责任必须能够准确计量、所出现的社会问题应该获得认定、响应的策略能够进行选择。"因此，Carroll 的三维概念模型可以看作企业社会责任研究领域的"一次跨越"，"成功的构建了企业社会责任新的研究体系"，并将企业社会责任研究从狭义的企业社会责任和企业社会响应转向到企业社会绩效。Aupperle 等人（1985）就认为："尽管并没有任何一个界定获得广泛的认可，但 Carroll 界定的企业社会绩效概念由于所具有的多重成份因子使其能够经得起衡量和检验。"Carroll "三维概念模型"的重要贡献便在于此。可是，"三维概念模型"也有其美中不足之处。比如始终对于企业社会绩效这一概念含糊其辞；阐述企业社会绩效所包含的三方面内容并不等于对整个概念做出了清晰的界定；企业社会绩效是对企业哪些社会行为的量度，或者说和企业社会责任一样含有一定的道德判断在其中；等等。

2）Wartick、Cochran 与"经典定义"

尽管 Carroll（1979）的"三维概念模型"的意义举足轻重，但并没有对企业社会绩效进行明确界定。Wartick 和 Cochran（1985）指出：" '企业社会绩效'仅仅被看作企业社会责任、企业社会响应或企业与社会环境之间的相互作用的综合体，一直以来没有精确的定义……必须基于企业社会绩效的结果对其'表现'进行界定，而并非基于形象、动机、过程或组织结构。"鉴于此，Wartick 和 Cochran（1985）给出了经典定义，即"企业社会绩效反映了企业社会责任准则、社会响应过程和用于解决社会问题的政策之间的相互根本作用，它将企业与社会领域的三大主导方向（与社会责任准则相关的理念导向、与社会响应过程相关的制度导向以及与社会问题管理政策相关的组织导向）融合在一起，通过对企业社会责任、社会响应和社会问题的综合，为全面分析企业与社会提供了

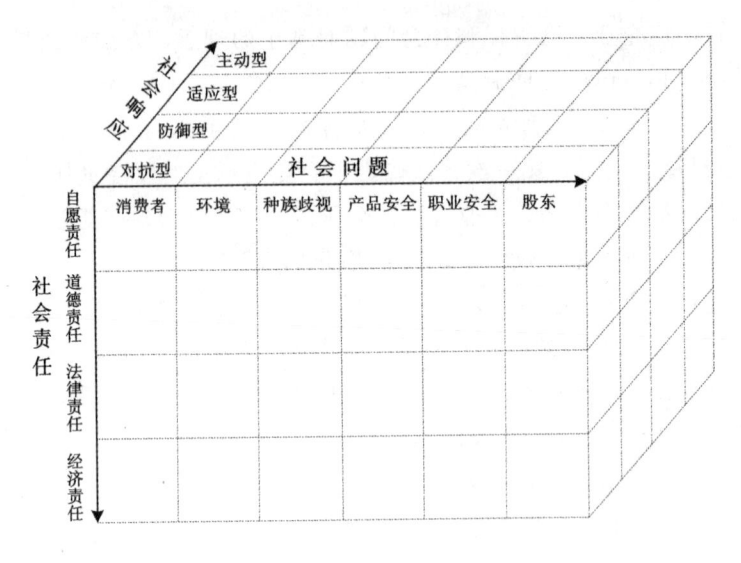

图 2-3 Carroll 的"三维概念模型"

一个极具价值的框架（如表 2-1 所示）。"Wartick 和 Cochran 的企业社会绩效也包括三个维度，第一维度是具有哲学倾向的企业社会责任原则（即经济、法律、道德和慈善）；第二维度则指向具有制度倾向的社会响应过程（即反应、防御、适应和交互式）；第三维度是具有组织倾向的解决社会议题政策（问题辨识、问题分析和响应发展）。

表 2-1　Wartick 和 Cochran 的企业社会绩效"经典定义"

	原则	过程	政策
维度	理念导向	制度导向	组织导向
	企业社会责任	企业社会响应	社会问题管理
内容	经济责任	抵抗型	问题确认
	法律责任	防御型	问题分析
	道德责任	适应型	形成响应对策
	自愿责任	主动型	
对象	企业的社会契约	对环境变化的响应能力	尽可能避免"意外事件"
	企业是一个道德载体	拟定响应对策的管理方法	决定有效的处理社会问题的政策

Wartick 和 Cochran 将原则、过程与政策的研究体系作了重构，阐释了企业社会责任和社会有效响应之间的联系，而且基于动态视角提出了解决问题的过程，使社会责任研究摒弃了纯粹的概念讨论，体现了模型的层次性、整体性和连续性。该定义很好的解决了 20 世纪 60 年代以来出现的对企业社会责任的严峻挑战，兼收并蓄了各派的不同声音，形成一个较为宽泛且具有代表性的定义；既继承了 Carroll 等人的传统概念，又突破了 Carroll 等人所提概念的静态框架，能较好地反映公司社会表现的不断变动的趋势；既考虑了微观层面的企业社会绩效，又考虑了宏观层面的企业社会绩效；而且强调了社会问题管理作为企业社会绩效第三个维度的重要性，为企业社会绩效提供了"经典定义"。相比 Carroll 的三维模型，Wartick 和 Cochran 定义的进步之处在于他们提出的企业社会绩效的第三维度，即社会问题管理维度，且明确提出社会问题管理的三个步骤：确认问题、分析问题、形成响应，并指出社会问题管理的目的是最小化意外事件和决定有效的处理社会问题的政策。

3) Wood 与"模型修正"

Wood（1991）认为 Carroll 和 Wartick 等人的模型存在不足，即已有的模型都只是强调企业承担社会责任的原则、企业社会相应策略及企业解决社会问题的方法，但均没有足够重视企业社会责任行为的结果。基于 Wartick 和 Cochran（1985）的经典论述，将企业社会绩效定位成一个企业的社会责任原则、社会响应过程，与企业社会问题有关的政策、计划和可观察到的结果的总和。并建立了一个涵盖企业社会责任原则、企业社会响应过程以及企业行为结果三方面的全新概念模型。第一维度是社会责任原则，涉及法律、公共责任、管理决断力三个因素，该维度是基于企业的基本义务，并通过具体化企业的目标以显示企业与社会之间的制度化关系；第二维度为社会响应过程，涉及环境评估、利益相关者管理与问题管理三个方面，体现了企业对社会压力的响应能力，即企业是否具有适应环境变化而生存的能力；第三维度指社会责任结果，即与企业社会关系有关的政策、计划和可观察到的结果，包括内部利益相关者效果、外部利益相关者效果、外部机构效果三个因素（如表 2-2 所示）。

表 2-2　　　　　　Wood 的企业社会绩效"模型修正"

企业社会责任原则	企业社会响应过程	企业行为结果
制度原则——合法性	环境分析	社会影响
组织原则——公共责任	利益相关者管理	社会项目
个人原则——管理判断力	问题管理	社会政策

该模型的建立主要是基于对 Wartick 和 Cochran（1985）的企业社会绩效模型的修正，完善了 Wartick 和 Cochran 强调的原则、过程和结果。对第一维度的修正体现在从制度、组织和个人原则三个方面描述企业社会责任原则，以突出社会责任的合法性、公共性和个人的管理判断力；对第二维度的修正体现在将社会问题管理纳入，与环境评估和相关利益者管理并行作为企业社会响应的三大要素；对第三维度的修正体现在将企业行为结果（包括社会影响、社会方案和社会政策）这一能够进行实际观察和公开评估的内容归为第三维，强调了对企业社会绩效结果的衡量。

4）基于利益相关者的企业社会绩效界定

从 20 世纪 80 年代开始，西方理论界将利益相关者理论引入到企业社会绩效的评价研究当中，基于利益相关者理论对企业社会绩效进行了界定，其中最被广泛认可的是美国学者 Jeffrey Sonnenfeld（1982）的外部利益相关者评价模型和加拿大学者 Clarkson（1995）的 RDAP 模型。

（1）Sonnenfeld 与外部利益相关者评价模型

Sonnenfeld（1982）指出让外部利益相关者对其自身的社会绩效进行评估更为合理，因为企业社会绩效主要表现在企业对利益相关者的满足程度。基于此，Sonnenfeld（1982）设计了调查问卷对涉及投资分析家、工会领导、环保主义者、政府监管员、联邦监管员、国会议员、行业协会官员、学者等各方面的利益相关者进行了调查，这些利益相关者主要是美国六家林业企业的外部利益相关者。问卷的设计从社会责任和社会敏感性两个角度进行，其中社会敏感性涉及七个方面的因素：①局外人的可接近性（Accessibility to outsiders）；②对公共事务的有准备性（Preparedness to Public Issues）；③在公共活动中的可靠性、一贯性（Reliability or consistency in public actions）；④企业对外言论的可信性（Credibility of company statements）；⑤在外部批评者眼中的合法性（PerceivedIxgitimacy of outside critics）；⑥对外界重大事件的关注程度（Attentiveness to outside events）；

⑦公众利益与企业利益的清晰度（the Clarity of company interests from the public interests）。然后通过问卷结果从以上两方面对企业社会绩效进行综合评价。

外部利益相关者评价模型的优点在于：①评价数据来自于外部利益相关者，有利于企业的利益相关者管理，进一步提升企业社会绩效；②通过采取定量的研究方法，能够将评价应用于各种不同类型的企业。然而该模型也存在一定的缺陷：①对企业内部的重要利益相关者关注不够，例如员工；②缺少对社会责任和社会敏感性进行明确的界定；③社会敏感性所包含的七个要素的重要程度并没有显示出差异。

（2）Clarkson 与 RDAP 模型

Clarkson（1995）认为应该基于企业利益相关者管理框架来考察企业社会绩效。利益相关者可分为两类，一类是指主要利益相关者（Primary Stakeholders），即离开它们企业便难以正常运营的利益相关者，比如股东、投资机构、职工、顾客、供应商以及政府等；另一类是指次要利益相关者（Secondary Stakeholders），即并不直接干预企业事务但对企业会产生一定的影响同时也会受到企业影响的组织，比如社会团体、民族组织、媒体、宗教组织以及一些非盈利组织等等。在对企业利益相关者问题进行总结的基础上，通过长时期的实证研究，Clarkson 指出探讨企业社会绩效必须考虑企业、员工、股东、顾客、供应商、公众利益相关者等因素。企业的因素主要涵盖企业发展历程、所处的行业背景、组织结构、面临的内外部环境、财务业绩以及企业利益相关者和社会问题管理体系的情况，而其他因素主要涉及企业对不同利益相关者的管理政策、结果或响应。以公共利益相关者为例，它主要涉及六类要素：①公众健康、安全与保护；②能源与原料保护；③投资项目的环保评估及其他环保问题；④公共政策参与；⑤社区关系；⑥社会投资与捐赠。基于此，Clarkson 借鉴 Wartick 和 Cochran（1985）阐释企业社会绩效战略的四个术语设计了 RDAP 模式以便对企业社会绩效进行评价，上述四个术语指："对抗型"（Reactive）、"防御型"（Defensive）、"适应型"（Accommodative）与"预见型"（Proactive）。RDAP 量表针对企业的各主要利益相关者设计了一套测评体系，并设计了明确的衡量数据，由于篇幅关系本文仅列出员工部分的分量表（如表 2 - 3 所示）。

表2-3　　　　　　　　RDAP量表员工部分的分量表

分量表	具体指标	描述	表现数据
员工	一般政策	一般哲学、目标，实操守则、政策、表现评估过程。	员工态度、满意度数据
	福利	员工福利计划。	与本行业其他企业比，相对状况如何。
	补偿与报酬	补偿/报酬系统的目的：与员工在社会利益相关者问题上的态度联系到一起。	相对于本行业的整体补偿金水平，补偿/报酬系统的道德性质。
	训练与发展	员工训练与发展，包括工作在职训练和教育	每年的开支数，参加人员数，每人每年花的平均时间。
	职业规划	职业规划计划、政策，包括横向迁移与内部提升。	计划的实施状况，员工横向调动与内部提升的百分比。
	员工辅助计划	可提供的服务。	利用率，与工作有关的案例的数据。
	健康促进	一般政策，包括高层管理者对平衡员工生命周期和提供的计划的承诺。	财务预算，政策的执行率。
	旷工率和流动率	表现目的、计划和政策，影响旷工率和流动率的内外因素。	旷工率和流动率

RDAP模型的优点在于：①体现各利益相关者的利益，使企业社会绩效涵盖的范围更加全面；②量表内容详尽，且有一套系统、具体的评分标准，能清楚的界定企业社会绩效。但也存在一些不足：①采用本量表对企业进行评估操作起来比较复杂，工作量比较大；②用来评估的数据与资料均从企业内部获得，这些数据与资料的可靠性与真实性值得商榷，另外对内外部利益相关者之间的联系也没有好处。

2.4　企业社会绩效评价

2.4.1　企业社会绩效的评价方法

正如Carroll（2000）所言，企业社会绩效研究的"真正的问题是能否开发出准确和可信的评价方法"，因此理论界和实务界对如何评价企社会绩效作了大量的研究，也涌现出了不少非常有价值的评价方法。在 Waddock 和 Graves（1997）提出的评价企业社会绩效一般方法的基础上，Maignan 和 Ferrell（2002）将这些方法归纳为三大类，即专家评估法、单一或多元指标法以及管理层调查法，并指出具体可行的方法包括声誉指数法、单一或多元指标法、内容分析法、个人层面的量表测量法以及组织层面的量表测量法等。随后 Orlitzky 等（2003）提出了认可度较高的分类法，即企业社会绩效评价方法的四分类法：披露法（Disclosure）；声望评估法（Reputation indexes）；社会稽核，指对企业社会绩效的操作和可观察到的结果进行评估（Social audits, corporation behaviours, processes, and outcomes）；以及管理企业社会绩效的原则与价值观分析（Corporation social responsibility values and attitudes）。另外比较有代表性的方法分类还包括 Igalens 和 Gond（2005）提出的五分类法，包括年报内容分析、污染指数测量、问卷调查、声誉指标、专业机构的数据库五种评价方法。基于已有研究成果的分析，本文将现有的企业社会绩效评价方法进行归纳，包括单一指数法、责任承诺法、内容分析法、声誉评级法、问卷调查法以及社会稽核法。

1）单一指数法

单一指数法一般是基于某一类指标来考察企业社会绩效，比如环境污染、慈善捐赠等。最早的污染指数是美国经济优先委员会（CEP）1971 年对造纸业 24 家公司在控制污染方面的表现进行评价并编制的 CEP 指数，即从水资源、微粒子、气体和异味这四个方面对污染指数进行衡量（Folger and Nutt，1975）。而学术研究中使用最多的污染指数是 TRI 指数，即有毒物体排放量（Toxics Release Inventory），根据美国 1986 年"紧急计划和公众知情权法案"，所有 SIC（标准行业代码）为 20—39 的企业、全职雇员在 10 人以上并且在生产、加工过程中使用了清单上列出的化学品或使用化学品达到一定数量的公司必须主动披露其排放到空气、水和土壤中的废物和有害物质的数量（Grin and Mahon，1997）。另外还有基于慈善捐赠的慷慨指数法（Generosity Index），由美国公共管理协会 20 世纪 80 年代末推出，该方法先根据每家公司的捐赠总额和捐赠占税前净利润的百分比两个指标分别算出其统计标准值（Z 值），然后将两个 Z 值加起来得到公司的慷慨指数，最后根据公司在总样本中的相对表现评出一个等级。

单一指数法的优点在于：①比较客观，因为评价数据一般是从企业外部获得，且这些评价机构或组织也是独立于被评价企业的；②针对具体的行业及考察目的而言较为实用。但缺点在于：①只能针对特定行业，比如存在环境污染的行业；②只能反映企业社会绩效的某一具体维度，使得评价不够全面。学术研究方面，单一指数法的应用主要集中在早期的研究成果之中。

2）责任承诺法

责任承诺法主要侧重于考察公司承诺的社会责任原则和价值观（Corporation social responsibility values and attitudes），比如 Aupperle（1984）提出的企业社会责任取向量表、Wokutch 等提出的企业社会绩效的行为和感知测量法均是基于责任承诺法开发的。该测量法试图捕捉企业文化中蕴含的价值观与原则，通常采用面向企业员工的封闭式问卷进行考察（Orlitzky et al.，2003）。责任承诺法的主要优点是操作简单、数据获取容易；而缺点是其考察的主要是基于企业社会绩效的价值取向或目标，而不是实际行动或结果。

3）内容分析法

内容分析法是一种对企业年报、致股东的信或其他企业信息披露进行分析的方法，即收集企业年报（或其他信息源）披露的企业社会绩效信息，并对信息归类，弄清各类信息的发生金额、所占的篇幅或字数等，以进一步对社会绩效信息进行量化。Bowman 和 Haire（1975）首次采用这种方法，根据企业年报中阐述企业社会责任信息的文字的行数以对食品加工企业的社会绩效进行考察。Beresford（1976）也运用内容分析法进行了一系列研究，后期 Ingram（1978）、Preston（1978）、Abbott 和 Monsen（1979）、Anderson 和 Frankle（1980）等学者所使用的指标都是建立在 Beresford 工作的基础上（Cochran and Wood，1984）。

内容分析法的优点在于：①在确定评价指标（即分析对象）之后，针对具体指标的数据的挖掘及分析过程都比较客观；②其操作简单，适用于大样本的研究。但缺点在于：①评价指标的确定带有较大的主观性；②数据来源主要是公司的"信息披露"，可能会和实际情况不一样（Bansal，2004）。学术研究方面，该方法的信度和效度难以使人信服，一般只用于早期的研究。

4）声誉评级法

声誉评级法是由各专家和学者按照一定的评价标准对企业社会责任表

现作出主观评估,进而根据结果进行声誉排序,并以此作为评价企业社会绩效的标准。应用最广泛的两种声誉评级法分别是 Moskowitz（1972）提出的三重评估法（Moskowitz's tripartite rankings）和《财富》杂志从 1982 年开始发布的声誉指数（Wokutch and McKinney, 1991）。如今对 Moskowitz 的指标使用的相对较少,而《财富》杂志声誉指标受到越来越多的关注与采用。该方法属于一种知觉测量,即采用 10 分量表对公司声誉的 8 个维度进行评估并得出最后结论。评估主体为公司的外部知情者,比如其他企业的高级管理人员、财务分析专家等等。近年来国内也有一些机构开始对国内企业进行慈善和企业社会声誉进行排名,比如《WTO 经济导刊》主办的"金蜜蜂企业社会责任中国榜"和胡润推出的"胡润企业社会责任 50 强"榜单。

声誉评级法的优点在于:①内部一致性水平高,因为尽管评价标准有一部分主观成分,但每个公司都是按照相同的评价标准被评价的;②评价主体一般都是由行业专家组成;③能够反映某一类重要相关利益者对不同公司的感知。但缺点在于:①受企业印象管理能力影响较大,会影响评价的客观性;②由于认知能力的限制,评价覆盖的样本范围和数量有限。

5）问卷调查法

问卷调查法是将企业社会绩效区分为若干个维度,并对每个维度都设计一系列测量题项,编制成测量工具,然后通过调查问卷来调查答卷者对企业社会责任各题项的感知,最后根据各题项的得分及维度得分来评价企业社会绩效。其中最具代表性的是 Aupperle、Carroll 和 Hatfield（1985）的研究,他们以 Carroll（1979）的四责任框架为理论基础,遵循严格的科学程序,编制出了企业社会责任导向（Corporate social responsibility orientation-CSRO）量表,并用该量表进行了实证研究。

问卷调查法的优点在于:①评估内容全面;②实施较为简单,信息收集成本较低。但缺点在于主观性较强,对量表的信度和效度要求较高。

6）社会稽核法

社会稽核法是指由第三方对企业社会表现行为和可观察到的结果进行系统评估,例如社区服务,环境计划,企业哲学等。基于客观数据的挖掘是社会稽核法的基础（Orlitzky et al., 2003）。Clarkson（2005）的 RDAP 量表就是采用社会稽核法考察企业社会绩效的。现阶段国外众多进行企业社会绩效评价的专业机构都是采用这种方法,并建立了专门的企业社会绩效数据库,向机构投资者、个人投资者、消费者、政府提供企业社会绩效专业评估报告,有些机构还推出专门的企业社会绩效指数,比如美国的KLD指数等。目前国外的研究大都是基于上述数据库的数据展开的。

社会稽核法的优点在于:①评价内容全面;②评价覆盖的企业多,种类全,并能持续的扩充样本;③评价标准高度一致,评价结果可靠;④评价独立性强,评价质量较高。这些数据库用于学术研究时,大大推进了企业社会责任方面的实证研究。但缺点在于数据收集与分析的工作量、难度较大。

综上,六种企业社会绩效评价方法各有优劣,进行比较分析如下(如表2-4所示)。

表2-4 企业社会绩效评价方法比较

评价方法	数据来源	指标类型	优点	缺点
单一指数法	公司内部	定量	①比较客观;②针对具体行业及考察目的而言较为实用。	①只能针对特定行业;②只能反映企业社会绩效的某一具体维度。
责任承诺法	公司内部	定性	操作简单、数据获取较为容易;	主要考察价值取向或目标,而非行动或结果。
内容分析法	公司内部	定性与定量相结合	①确定评价指标后的分析过程较为客观;②操作简单,适用于大样本的研究。	①评价指标带有较大的主观性;②数据由公司的"信息披露",可能有粉饰。
声誉评级法	公司外部	定性	①内部一致性水平高;②行业专家进行评价;③能够体现某类重要相关利益者的感知。	①受企业印象管理能力影响较大;②由于认知能力的限制,评价覆盖的样本范围和数量有限。
问卷调查法	问卷使用者	定性	①评估内容全面;②操作较为简单。	主观性较强,对量表的信度和效度要求较高。
社会稽核法	内部与外部数据相结合	定性与定量相结合	①评价内容全面;②评价覆盖的样本多;③评价标准高度一致;④评价独立性强。	数据收集与分析的工作量、难度较大。

资料来源:作者整理

2.4.2 企业社会绩效的评价工具

基于上述评价方法，各国、各机构开发了众多可操作化的企业社会绩效评价工具（如表2-5所示），并建立了相应的数据库或指数。现重点介绍四种比较有代表性的评价工具，包括美国KLD指数、美国Fortune声望指数、法国ARESE数据库以及韩国KEJI指数。

表2-5　　国外主要企业社会绩效评估机构及指数

国家	评估机构	评估对象	指数
澳大利亚	SIRIS	在ASX上市的300家公司	
加拿大	MJRA	加拿大的400家企业	Jantz S. I.
美国	KLD	Socrates数据库中的3000家公司	Domini 400 S. L/ LCS/ NASDAQ S. L
	Innovest	MSCI World中的1300家公司	道琼斯可持续发展指数
法国	Vigeo	欧洲证交所600家公司	ASPI Eurozone
	ARESE	法国和欧洲规模较大的公司	
英国	Core Ratings	欧洲、亚洲和北美1000家公司	FTSE 4 Good
	EIRIS	FTSE World中的2500家公司	
德国	IMUG、Ockom、Scoris	德国和澳大利亚公司，80%是MSCI世界评估指数中ATX21、DAX30和M DAX70公司	
意大利	Avanzi	意大利境内的公司	
西班牙	Fundacion EYD	Ibex和IGBM的35家公司	
荷兰	Triodos	全球的2000家公司	
瑞典	Caring Company	斯堪的纳维亚地区的公司	
比利时	Stock at Stake	比利时、卢森堡、法国、日本、香港和新加坡公司	Ethibel: Aisa; Global; America; Europe
瑞士	Centre-Info	欧洲、EEUU和澳大利亚的公司	
	SAM	瑞士的公司	
日本	Good Bankers	日本的600家公司	Morning Stars
	CPRD	日本的700家公司	Socially Responsible I. I.
韩国	经济正义研究所	韩国境内的公司	KEJI指数

资料来源：根据Marquez and Fombrun（2005）和郑海东（2007）整理。

1) 美国 KLD 指数

KLD 指数是在西方企业社会绩效学术领域中应用最广泛的评价工具，它由第三方机构 KLD 开发的一种基于利益相关者关系的企业社会绩效评价体系，能全面体现企业社会绩效。KLD 指数从八个方面考察企业社会绩效，构成了一种多维评价体系。前五个方面的指标是基于利益相关者的，包括社区关系、员工关系、环境绩效、产品特征，如何对待妇女和少数民族等。它们都包括劣势领域（Areas of Concern）和优势领域（Areas of Strengths）两部分内容，评价尺度从"非常担忧"（-2 分）到"中性"（0 分）再到"非常出色"（2 分）。后三个方面的指标不属于利益相关者关系，但却是社会关注的焦点，包括军火合同、涉足原子能业务和在南非业务。评分尺度是从"非常担忧"（-2 分）到"中性"（0 分）。另外 KLD 指标体系根据实际情况不断在调整，目前已经由原来的 8 类增加到 10 类，新增的两类包括非美国问题及其他。

2) 美国 Fortune 声望指数

美国《财富》杂志从从 1982 年开始，每年在年度"美国最受欢迎的企业"报告中公布"企业声望调查"结果，即是所谓的 Fortune 声望指数或 Fortune 指数。该指数是根据 8000 多个高级经理人、外部董事、财政分析学家投票的结果统计而来，评价对象由最初的仅调查美国的 300 家大公司发展到如今涵盖几十个国家成百上千家公司。Fortune 声望指数从财务指标和社会责任指标两个方面考察企业社会绩效，其中财务指标包括财政制度的健全程度、长期投资价值，企业资产的广泛使用以及管理质量四个二级指标，社会责任指标包括创新、产品和服务质量、社区和环境责任以及人才吸引、培养与利用四个二级指标。然后根据上述八项指标从 0（最低分）到 10（最高分）进行评分，最终得到一个综合评级。

3) 法国 ARESE 数据库

法国比较有代表性的评价机构是 ARESE，它由两家金融机构于 1997 年合作成立，主要目的就是对法国和欧洲规模较大的公司进行企业社会绩效评价。评价体系由五个方面构成，分别对应着五类重要的利益相关者，即社区与市民社会、公司治理结构、客户与供应商、卫生安全环境以及人力资源（评价体系如表 2-6 所示）。对每一类指标的评价都采用质量管理中的标杆法来进行，评价过程基于三个轴展开：领导轴（L）、发展轴（D）和结果轴（R），分别测量公司承诺的目标、资源分配及每项评价标准的实际过程。ARESE 企业社会绩效的评价数据来源于两个方面,即包括诸如对公司的问卷调查数据、对公司领导的访谈在内的一手数据以及包括诸如企业社会责任报告、国际劳工组织报告、媒体发表的文章在内的二手数据。

表 2-6　　　　　　　　法国 ARESE 企业社会绩效评价体系

评价指标	评价标准	主题
HR	人力资源	雇佣管理、职业生涯管理、受雇就业能力、薪酬政策、工作条件、卫生与安全、社会氛围、员工满意度、社会凝聚力
ENV	环境、卫生与安全	环境风险管理、资源节约项目、废物排放管理项目、交通管理、培训、信息与利益相关者意识
CLS	客户与供应商关系	顾客服务环境、过程与服务控制、管理者的顾客导向、为顾客利益创新的能力公平对待供应商、人事培训与信息、研究与开发、合作关系的建立与分布、额外顾客信息与服务、顾客与供应商满意度测量
SHR	股东关系	董事会构成与职能、董事与高级管理人员薪酬透明度、股东权利与义务、信息工具
CS	与市民社会的关系	人道主义和社会捐赠、反边缘化措施、环境赞助、在当地投资建造经济住房、资助文化和教育

资料来源:Igalens and Gond (2005),转引自郑海东 (2007)。

4) 韩国 KEJI 指数

韩国 KEJI 指数 (经济正义指数) 由隶属于韩国民间团体——经济正义实践联合会的经济正义研究所发布,是基于社会稽核法的企业社会绩效评价体系。该研究所由经营、经济、社会、法律领域的教授、律师、会计师等 50 余人于 1990 年发起成立,主要进行经济的均衡成长和公正分配领域的研究,给政府提供包括土地公概念、金融实名制等在内的各种政策建议。从 1990 年 3 月初开始研究所着手研究授予经济正义企业奖励的项目,从而开发了经济正义指数,并从 1991 开始由经济正义研究所在每年 9 月对外发布 KEJI 指数。KEJI 指数是一个包含 7 个方面 49 个评价指标 (包括 3 个考虑指标),以 100 分为满分的评价体系。其中企业经营的健全性方面包括 7 个指标 (合计 25 分)、公正性方面包括 5 个指标 (合计 15 分)、社会服务贡献度方面包括 5 个指标 (合计 10 分)、消费者保护满足度方面包括5个指标（合计10分）、环境保护满足度方面包括6个指标（合计15分）、员工满意度方面11个指标包括（合计15分）及经济发展贡献度方面包括10个指标（合计10分）。经济正义指数的评价指标体系由12个定性指标和37个定量指标构成，利用问卷调查方式调查的定性指标经济正义研究所没有公开，仅获得定量指标及其分值如表2-7所示。

表2-7　韩国KEJI企业社会绩效评价体系（定量指标部分）

一级指标	二级指标	三级指标及指标说明		分数
健全性（20）	股东构成的健全性	内部持股率		4
		专业经营人员比率		3
	投资支出的健全性	消费性支出		3
		危险性		5
	资本筹措的健全性	系列公司出资		3
		系列公司支付保证		2
	考虑指标	脱税等	粉饰会计、脱税、税金没收	-3
公正性（11）	公正性	公正交易	违反次数	1
			严重的违反行为或者两次以上的用类违反行为	2
	透明性	虚假公告及年报的适应性	不诚实报告	2
			适应性	2
		独立董事活动	独立董事比率	2
			董事会参与	2
社会服务贡献度（7）	疏远阶层保护	残疾人雇佣比率		2
		女性雇佣比率		2
	社会贡献	捐赠金		3
消费者保护满足度（7）	消费者权利保护	工产品A/S优秀企业及服务品质优秀企业认证		2
	品质	品质有关认证		3
	广告	广告费过度支出		2
环境保护满足度（10）	为改善环境做出的努力	环境会计报告		2
		能源效率		2
	环境亲和性	有关环境的认证及获奖		3
	违反及污染后果	水质、大气粉尘、特定有害物质污染实际状况		3

续表

一级指标	二级指标	三级指标及指标说明	分数
员工满意度（10）	工厂保健、安全认证	有关工厂保健和安全的认证及获奖	2
	人力资源投资	人均教育训练费	2
		教育训练增加率	2
	工资及福利	工资报酬体系	2
		福利待遇	2
经济发展贡献度（10）	研发努力	研发支出	2
		专利权及获奖	1
	经营成果及经济贡献	受益性	1
		成长性	1
		设备投资	1
		租税	1
		股利支付率	1
		劳动生产性增加率	1
		出口比率	1

资料来源：柳昌承（2008）。

2.5 本章小结

本章主要对基于企业社会绩效的机构投资者持股的相关理论基础进行了简要介绍。首先，从机构投资者、股东积极主义和机构投资者积极主义三个方面介绍了机构投资者与股东积极主义相关理论；其次，介绍了企业社会绩效界定的相关理论，对企业社会绩效、企业社会责任、企业社会响应、企业公民等相关概念的发展脉络和内涵界定进行了阐述，并着重讨论了企业社会绩效有代表性的概念模型；再次，对企业社会绩效评价的相关理论进行了整理，在比较分析了常用的企业社会绩效评价方法的基础上，进一步介绍了包括美国 KLD 指数、美国 Fortune 声望指数、法国 ARESE 数据库等在内的企业社会绩效评价工具。

3 研究设计

3.1 研究框架及思路

为了对我国机构投资者持股与企业社会绩效的联系进行实证检验,以剖析我国机构投资者基于企业社会绩效持股偏好和机制,进而深入探讨我国机构投资者持股时扮演的道德偏好角色和道德改善角色。本文在分析与阐述基于企业社会绩效的机构投资者持股机理、界定与计量我国企业社会绩效的基础上,对我国机构投资者与企业社会绩效的互动关系进行了实证分析,实证分析主要包括持股偏好实证分析和持股机制实证分析两个部分(实证研究框架如图3-1所示)。

首先,检验我国机构投资者基于企业社会绩效持股偏好,以考察我国机构投资者的道德偏好角色。持股偏好的实证分析从三个方面展开:

(1) 检验企业社会绩效与机构投资者整体持股的关系,以分析我国机构投资者整体的持股偏好;

(2) 检验企业社会绩效与各类机构投资者持股的关系,以分析我国各类机构投资者的持股偏好;

(3) 检验企业社会绩效各维度与机构投资者持股的关系,以分析我国机构投资者持股偏好的内在景象。

其次,检验我国机构投资者基于企业社会绩效持股偏好的影响因素,以考察相关因素对道德偏好的影响。持股偏好影响因素的实证分析从两个方面展开:

(1) 检验内部控制质量与机构投资者持股偏好的关系,以从制度层面分析我国机构投资者持股偏好的影响因素;

(2) 检验经济绩效与机构投资者持股偏好的关系,以从经济层面分析我国机构投资者持股偏好的影响因素。

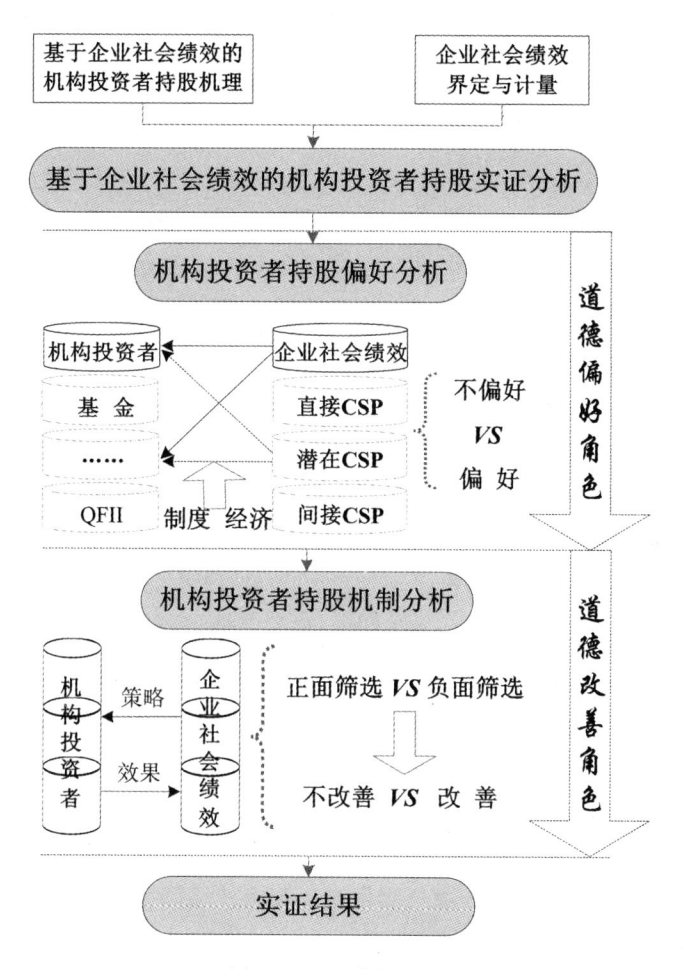

图 3-1 研究框架图

再次，检验我国机构投资者基于企业社会绩效持股机制，以剖析我国机构投资者道德偏好背后的持股策略与持股效果，并基于持股效果深入探讨我国机构投资者的道德改善角色。持股机制的实证分析也从两个方面展开：

（1）检验筛选策略对我国机构投资者持股的影响，以分析我国机构投资者基于企业社会绩效持股策略；

（3）检验机构投资者持股对企业社会绩效的影响，以分析我国机构投资者基于企业社会绩效持股效果。

3.2 研究样本及数据

3.2.1 研究样本

本文以2007—2011年沪深两市有机构投资者持股的上市公司为研究样本，企业社会绩效评价指标的数据均以及控制变量数据来自"CCER"和"CSMAR"数据库中的财务报表及附注数据库，机构持股数据来自"万德资讯（Wind）"数据库，并按上市公司年报进行抽样核对。为保证研究结果的可靠性，剔除了金融行业的样本、剔除研究期间缺乏数据和数据异常的样本、剔除研究期间被停牌的样本，最终得到包括904家上市公司的有效样本，5年共计4520个观测值。

按行业分布来看，根据证监会2001年公布的《上市公司行业分类指引》所制定的大类分类标准，上市公司涉及13个行业：A农、林、牧、渔业；B采掘业；C制造业；D电力、煤气及水的生产和供应业；E建筑业；F交通运输、仓储业；G信息技术业；H批发和零售贸易；I金融、保险业；J房地产业；K社会服务业；L传播与文化产业；M综合类。其中农、林、牧、渔业19家；采掘业14家；制造业518家；电力、煤气及水的生产和供应业46家；建筑业20家；交通运输、仓储业42家；信息技术业51家；批发和零售贸易68家；金融、保险业0家；房地产业46家；社会服务业31家；传播与文化产业6家；综合类43家（样本的行业分布如图3-2所示）。

另外，按公司实际控股人类型类型来看，904家上市公司样本中国有控股公司共629家、民营控股公司共238家、外资控股公司共5家、其他公司共32家（样本的控股人分布如图3-3所示）。

3.2.2 研究变量

一般而言，t期机构投资者的投资决策是基于公司t期及之前的企业社会绩效制定的（唐跃军和宋渊洋，2010），而机构投资者持股促进企业社会绩效的改善则体现在t期之后（如图3-4所示）。因此道德偏好角色的考察使用t期及之前的企业社会绩效与机构投资者持股进行回归，道德改善角色的考察使用机构投资者持股与t期之后的企业社会绩效进行回归。即在检验持股偏好时，将机构投资者持股变量作为被解释变量、企业

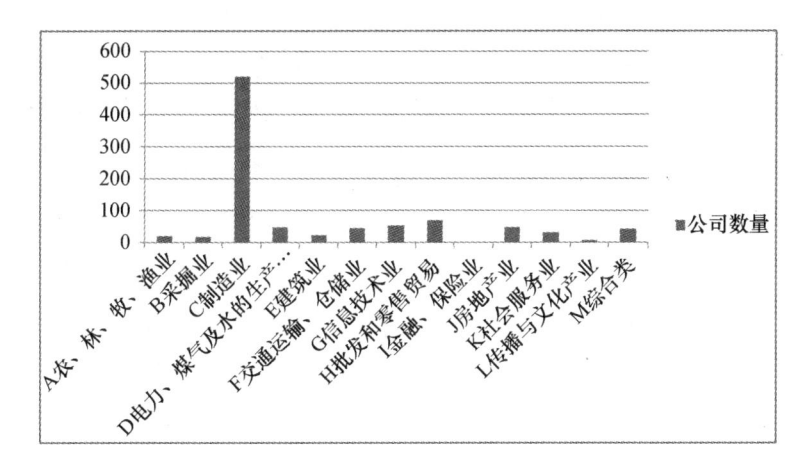

图 3-2 样本行业分布图

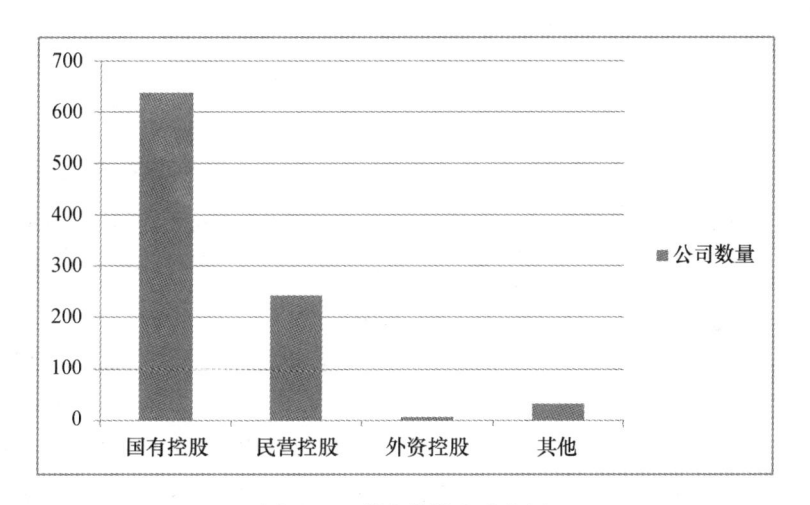

图 3-3 样本控股人分布图

社会绩效变量作为解释变量;在检验持股目的和持股策略时,同样将机构投资者持股变量作为被解释变量、企业社会绩效变量作为解释变量;而在检验持股效果时,将企业社会绩效变量作为被解释变量、机构投资者持股变量作为解释变量。

1) 机构投资者持股变量

考虑到部分机构投资者目前平均持股比例很低,纳入研究范围可能导致较大研究误差,本文剔除了企业年金(平均持股占全部机构投资者的 0.14%)和财务公司(平均持股占全部机构投资者的 0.25%),最终选取

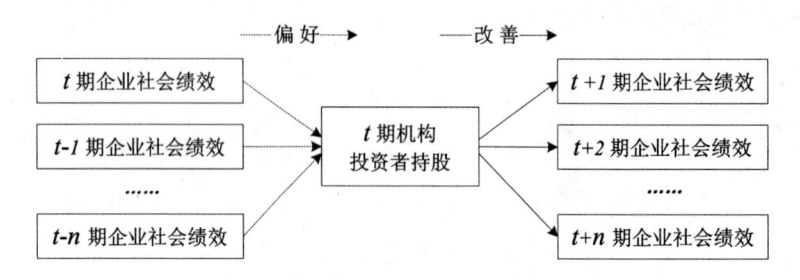

```
         ———偏好———→         ———改善———→
  ┌──────────────┐                        ┌──────────────┐
  │ t 期企业社会绩效 │                    │ t+1 期企业社会绩效 │
  └──────────────┘ ╲                  ╱ └──────────────┘
  ┌──────────────┐   ┌──────────┐       ┌──────────────┐
  │t-1 期企业社会绩效│→│ t 期机构  │→      │ t+2 期企业社会绩效 │
  └──────────────┘   │ 投资者持股 │       └──────────────┘
       ……          └──────────┘              ……
  ┌──────────────┐ ╱                  ╲ ┌──────────────┐
  │t-n 期企业社会绩效│                    │ t+n 期企业社会绩效 │
  └──────────────┘                        └──────────────┘
```

图 3-4　机构投资者持股与企业社会绩效的相互作用

基金、QFII、券商、保险公司、社保基金和信托公司六类机构投资者作为研究对象。因此本文首先将机构投资者整体持股比例作为机构投资者持股变量，然后进一步考察这六类机构投资者，检验其持股比例与企业社会绩效的相关性。机构投资者持股变量分别记为 IIS_share、FC_share、$QFII\_share$、IC_share、SC_share、SSF_share、TC_share。

2）企业社会绩效变量

国外对企业社会绩效的计量有专门评价企业社会绩效的数据库，如 KLD 指数、EIRIS 数据库等，国内目前没有直接的企业社会绩效数据可以利用。本文基于利益相关者理论、采用公开的客观数据对我国企业社会绩效进行界定与计量，企业社会绩效变量记为 CSP。

另外，为了保证结论的稳健性，本文借鉴方军雄（2009）等人的做法，除选取机构投资者持股变量和企业社会绩效变量之外，另采用机构投资者持股变动和企业社会绩效变动作为替代变量，以期更直接有效的体现机构投资者持股与企业社会绩效之间的影响程度，替代变量分别记为 ΔIIS_share、ΔFC_share、ΔCSP 等。

3）控制变量

控制变量方面，在现有研究的基础上结合中国资本市场的实际，选取以下三方面的指标作为控制变量。

公司财务特征主要考虑四个方面，即用净资产收益率（ROE）度量公司经济绩效变量 CFP、用内部控制缺陷（ICD）代理内部控制质量变量 ICQ、用总资产的自然对数度量公司规模变量 $Size$、用资产负债率度量公司财务杠杆变量 Lev。其中，内部控制缺陷（ICD）变量是基于结果导向，根据内部控制重大缺陷的定义并按照 COSO《内部控制—整合框架》及我国《内部控制基本规范》中确定的内部控制的"三性"目标（即经营有效性、财务报告可靠性及法律法规的遵从性）来设置的。持续经营不确定性审计意见（going concern opinion，以下简称 GCO）、会计差错和违法违规行为只要发生一项则表示内部控制存在缺陷，从而导致内部控制的"三性"目标无法达成。因此，对内部控制缺陷的具体衡量方法为：用 ICD 代表公司是否存在内部控制缺陷，当公司存在以上任何一项缺陷时取 1，否则取 0。

公司股权特征主要考察公司实际控股人类型，包括国有控股、民营控股、外资控股及其他，合计三个控股人类型虚拟变量 $Type_j$。另外，公司行业特征主要按照中国证监会制订的标准进行分类，考虑到虚拟变量过多可能引起的多重共线性问题，本文把此 13 大类的行业重新划分成 4 个组。第一组包括 A、D 两个行业，涉及原材料、基础设施、水电煤气等行业；第二组包括 H、I、J 三个行业，涉及商业、房地产和金融保险；第三组主要是制造业 C；第四组包括 B、E、F、G、K、L、M 七个行业。其中第一组内为国家保护性较多的行业，第二组为第三产业，第三组为竞争比较激烈的制造业，每组的上市公司面临着相近的行业环境。因此四组行业合计 3 个行业虚拟变量 $Indus_k$。

3.2.3 研究数据

回归分析之前，先对所有数据进行相关系数分析（如表 3-1 所示），其中我国企业社会绩效变量的界定与计量过程在第五章专门阐述。通过检验结果可知公司规模、公司经济绩效、企业社会绩效等变量与机构投资者持股比例之间存在一定的相关性，说明公司财务变量、股权变量以及企业社会绩效变量与机构投资者持股比例确实存在相互影响，需要进一步对其相关性进行研究。同时多重共线性检验显示各模型中解释变量的 VIF 值均不超过 1.5，说明解释变量之间的多重共线性较小，可以放入研究模型中进行回归。另外本文构建指标时均采用相对指标，一定程度上降低了个体间的差异、缓解了异方差问题。

表 3-1 研究变量相关性检验

变量	Mean	S.D.	CSP	II_share	FC_share	QFII_share	IC_share	SC_share	SSF_share	TC_share	CFP	Size	Lev
CSP	0.000	0.397	1.000	0.215***	0.187***	0.031**	0.058**	0.019*	0.038***	-0.021	0.251***	0.113***	-0.342***
II_share	23.435	22.578	0.350***	1.000	0.689***	0.128***	0.229***	0.051***	0.230***	0.075**	0.258***	0.336***	-0.008
FC_share	12.054	13.354	0.327***	0.587***	1.000	0.147***	0.250***	0.019	0.303***	-0.021	0.314***	0.322***	-0.031*
QFII_share	0.521	1.046	0.201***	0.192***	0.237***	1.000	0.061***	0.005	0.111***	0.002	0.069***	0.081***	-0.049***
IC_share	0.367	1.317	0.098***	0.232***	0.319***	0.098***	1.000	0.022	0.091***	-0.004	0.109***	0.152***	-0.015
SC_share	0.424	1.439	0.042**	0.063***	0.101***	0.034	0.031*	1.000	0.021	0.006	0.050***	0.029**	-0.009
SSF_share	0.438	1.512	0.076***	0.303***	0.352***	0.163***	0.96***	.0028**	1.000	-0.011	0.097***	0.101***	-0.009
TC_share	0.209	1.498	-0.034*	0.019	-0.028**	-0.010	-0.009	0.008	-0.017	1.000	0.004	0.020	0.017
CFP	0.058	0.116	0.502***	0.447***	0.473***	0.211***	0.228***	0.104***	0.216***	-0.022	1.000	0.171***	-0.146***
Size	20.682	1.138	0.107***	0.299***	0.420***	0.141***	0.198***	0.031*	0.168***	0.027	0.308***	1.000	0.309***
Lev	0.503	0.178	-0.458***	-0.024	-0.029***	-0.058***	-0.022	-0.031	0.005	-0.006	-0.102***	0.318***	1.000

注：系数"1"右上部分为 Pearson 检验结果，左下部分为 Spearman 检验结果。
*、**、*** 分别表示 0.1、0.05 和 0.01 的显著水平（双尾检验，以下各表同）。

3.3 研究方法

3.3.1 因子分析法

因子分析法（Factor analysis）起源于 20 世纪初的教育心理学研究，是由卡尔·皮尔逊和查尔斯·斯皮尔曼等学者进行智力测验研究时提出的一种多元统计方法。其核心是用最少的互相独立的因子反映原有变量的绝大部分信息。具体来说因子分析法主要有两个目的：一是减少分析变量个数；二是通过对变量间相关关系探测，将原始变量进行分类，即将相关性高的变量分为一组，用共性因子代替该组变量。该方法通过对原始变量的标准化处理及数字变换，消除了指标间的相关影响和由于指标分布的不同、数据本身的差异等造成的不可比性，从源头保证了评价的质量。近年来，因子分析法已经在心理学、经济学、管理学等各领域得到了广泛的应用。

1）因子分析基本思想

因子分析的基本思想是基于对变量的相关系数矩阵或协方差矩阵内部结构的分析，找到可以表达所有变量的少数几个随机变量去描述多个变量之间的相关关系，因为这里的少数几个随机变量是不可以观测的，所以通常称之为因子。然后根据相关性大小对变量进行分组，使得同组内的变量之间相关性较高，不同组的变量相关性较低。每组变量代表一个基本结构，因子分析中将之称为公因子。对由多指标构成的问题可试图用最少个数的不可测的所谓公因子的线性函数与特殊因子之和来描述原来观测的每一分量，并且要求各因子之间的相互独立。这样不仅消除了指标间的信息重叠，而且还起到了降维的作用，便于抓住事物的主要矛盾。因子分析法可以消除指标间信息重迭，抽象出事物的本质属性，以帮助我们对复杂的问题进行分析和解释。

2）因子分析模型

设有 n 个样本，每个样本有 p 个观测值，分别用 X_1、X_2、$\cdots$、X_p 表示，F_1、F_2、$\cdots$、F_m（$m < p$）分别代表 m 个因子变量，则有模型如下：

$$\begin{cases} X_1 = \alpha_{11}F_1 + \alpha_{12}F_2 + \cdots + \alpha_{1m}F_m + \varepsilon_1 \\ X_2 = \alpha_{21}F_1 + \alpha_{22}F_2 + \cdots + \alpha_{2m}F_m + \varepsilon_2 \\ \cdots\cdots \\ X_p = \alpha_{p1}F_1 + \alpha_{p2}F_2 + \cdots + \alpha_{pm}F_m + \varepsilon_p \end{cases} \quad (3-1)$$

称模型 3.1 为因子分析模型，其矩阵形式为：

$$\begin{bmatrix} X_1 \\ X_2 \\ \vdots \\ X_p \end{bmatrix} = \begin{bmatrix} \alpha_{11} & \cdots & \alpha_{1m} \\ \alpha_{21} & \cdots & \alpha_{2m} \\ \vdots & & \vdots \\ \alpha_{p1} & \cdots & \alpha_{pm} \end{bmatrix} \times \begin{bmatrix} F_1 \\ F_2 \\ \vdots \\ F_p \end{bmatrix} + \begin{bmatrix} \varepsilon_1 \\ \varepsilon_2 \\ \vdots \\ \varepsilon_p \end{bmatrix} \quad (3-2)$$

简记为：$X = A \times F_1 + \varepsilon$。 $\quad (3-3)$

其中：

(1) $X = (X_1、X_2、\cdots、X_p)'$ 是可观测随机向量，其均值向量 $E(X) = 0$，协方差矩阵 $\mathrm{cov}(X) = \sum$，且协方差矩阵 $\sum$ 与相关矩阵 R 等价；

(2) $F = (F_1、F_2、\cdots、F_m)'(m < p)$ 是可观测随机向量，其均值向量 $E(F) = 0$，协方差矩阵 $\mathrm{cov}(X) = I$，即 F 的各分量是相互独立的；

(3) $\varepsilon = (\varepsilon_1、\varepsilon_2、\cdots、\varepsilon_p)'$ 与 F 相互独立，且 $E(\varepsilon) = 0$，协方差矩阵 $\mathrm{cov}(\varepsilon)$ 是对角阵，即 $\mathrm{cov}(\varepsilon) = \sum\varepsilon$，表明 ε 的各分量之间也是相互独立的。

上述模型中，F 为因子变量或称公因子，可以将其理解为在高维空间中的互相垂直的 m 个坐标抽；A 称为因子载荷矩阵，α 称为因子"载荷"，即第 i 个变量在第 j 个因子上的负荷。如果把变量 X_i 看成 m 维因子空间中的一个向量，则 α_{ij} 表示 X_i 在坐标轴 F_j 上的投影。ε 称为特殊因子，表示原有变量中不能被公因子所解释的部分。

3) 因子分析步骤

(1) 原始数据标准化处理

根据指标体系及样本数据构建原始矩阵并将其标准化，以消除不同变量之间由于量纲和数值大小差异造成的误差，使指标数据之间具有可比较性，减小研究结果的误差。原始数据标准化处理后得到标准化矩阵 Y，

$$Y = \begin{pmatrix} y_{11} & y_{12} & \cdots & y_{1m} \\ y_{21} & y_{22} & \cdots & y_{2m} \\ \cdots & \cdots & \cdots & \cdots \\ y_{n1} & y_{n2} & \cdots & y_{nm} \end{pmatrix}。 \tag{3-4}$$

（2）计算相关系数矩阵

因子分析的最终目的是从原有众多变量中提取出少量具有代表意义的综合因子变量，这必定有一个潜在的前提，即原有变量之间应具有一定的相关关系。因此在运用因子分析时需要对原有变量进行相关分析，计算相关系数矩阵 R，

$$R = \begin{pmatrix} r_{11} & r_{12} & \cdots & r_{1m} \\ r_{21} & r_{22} & \cdots & r_{2m} \\ \cdots & \cdots & \cdots & \cdots \\ r_{n1} & r_{n2} & \cdots & r_{nm} \end{pmatrix}, \tag{3-5}$$

并对系数进行检验，当大部分相关系数都大于 0.3 时，表明适合做因子分析。

（3）确定因子贡献率及累计贡献率

因子方差贡献率给出了每个因子的变异程度占全部变异程度的百分比，表示该公因子反映原始指标的信息量，是衡量公因子相对重要程度的指标。方差贡献率越大，说明该公因子相对越重要；换句话说，方差越大说明公因子对变量的贡献越大。累计贡献率表示相应几个公因子累计反映原始指标的信息量，因子的累计贡献率可以作为主因子个数 k 的选择依据，即记 $\beta_k = \lambda_k / \sum_{i=1}^{p} \lambda_i$ 为第 k 个主成分的信息贡献率，当前 k 个主成分的累计贡献率 $\sum_{i=1}^{k} \beta_i$ 超过 85% 时，就取前 k 个主成分代替原来的 m 个指标。

（4）构建载荷矩阵

建立因子分析模型的目的不仅是找出公因子，更重要的是知道每个公因子的意义，以便对实际问题进行分析。由因子模型矩阵得到的初始因子载荷矩阵，如果因子负荷的大小相差不大，会导致因子的意义不明显，对因子的解释存在困难。因此为得出较明确的分析结果，往往要对因子载荷矩阵进行旋转。通过旋转坐标轴，使每个因子负荷在新的坐标系中能按列

向 0 或 1 两极分化,同时也包含按行向两极分化。由于选择的旋转方法不同,结果也就不同,一般以能得到明确的分析结果为最终计算结果,得到最终因子载荷 α_i。

(5) 综合评价

最后根据 α_i 求得各因子得分子 F_i,并以方差贡献率 β_i 为权重,计算综合得分 $F = (\sum_{i=1}^{k} \beta_i F_i) / \sum_{i=1}^{k} \beta_i$,计算出每个样本的 F 值后根据研究需要进行分析。

3.3.2 面板数据模型

面板数据(Panel data)是指对不同时刻的横截面个体作连续观测所得到的多维数据。面板数据也被称为时间序列与横截面数据(Time series and cross – section data)或混合数据(Pooled data)。面板数据是同时在时间和截面空间上取得的二维数据,从横截面(Cross section)上看是由若干个体(Entity, unit, individual)在某一时刻构成的截面观测值,从纵剖面(Longitudinal section)上看是一个时间序列。对于面板数据 y_{it}($i = 1, 2, \cdots, N, t = 1, 2, \cdots, T$)来说,如果从横截面上看每个变量都有观测值,从纵剖面上看每一期都有观测值,则称此面板数据为平衡面板数据(Balanced panel data);若在面板数据中丢失若干个观测值,则称此面板数据为非平衡面板数据(Unbalanced panel data)。由于这类数据有着独特的优点,使面板数据模型目前已在计量经济学、社会学等领域有着较为广泛的应用。面板数据模型是一类利用面板数量分析变量间相互关系并预测其变化趋势的计量经济模型。在应用多元回归分析建立的计量经济模型时,如果所建的模型中缺失了某些不可观测的重要解释变量,使得回归模型随机误差项常常存在自相关,回归参数的最小二乘法 OLS 估计量不再是无偏估计或有效估计。而面板数据不仅可以同时利用截面数据和时间序列数据建立计量经济模型,而且能更好地识别和度量单纯的时间序列模型和单纯截面数据模型所不能发现的影响因素,能够构造和检验更复杂的行为模型。

1)面板数据模型基本框架

面板数据模型的基本形式是如下的回归模型:

$$y_{it} = \alpha + \beta_{it} x_{it} + \delta_i + \gamma_t + \varepsilon_{it}, i = 1,2,\cdots N; t = 1,2,\cdots T \quad (3-6)$$

其中：y_{it} 是个体 i 在时间 t 时期的观测值，α 表示模型的常数项，δ_i 代表固定或者随机的截面效应，γ_t 代表固定或者随机的时期效应，x_{it} 表示 k 阶解释变量观测值向量。β 表示解释变量的系数向量，并且在根据其条件的限制分为三种值：一是对所有截面和时期都是相同的常数，二是在不同的截面是不同的系数，三是在不同的时期是不同的。ε_{it} 是独立同分布的误差项，即 E（ε_{it}）= 0。

如果考虑 k 个解释变量，自由度 NT 远小于参数个数，对于截面成员方程，待估计参数的个数为（$NT(k+1)+N$）；对于时间截面方程，待估计参数的个数为（$NT(k+1)+T$），这使得该模型无法估计。为了对模型进行估计，则可以建立以下的两类模型：从个体成员角度考虑，建立含有 N 个个体成员方程的面板数据模型；在时间点上截面，建立含有 T 个时间点截面方程的面板数据模型。

（1）含有 N 个个体成员方程的面板数据模型

模型形式如下：

$$y_i = \alpha l_T + \beta_{it} x_i + \delta_i l_T + I_T \gamma + \varepsilon_i \qquad (3-7)$$

其中：y_i 是个体 i 的观测值的时间序列。系数向量 β 取值受不同个体的影响，x_i 表示个体 i 解释变量观测值时间序列。l_T 是 T 阶的单位行向量，I_T 是 T 阶的单位列向量。$\gamma' = (\gamma_1, \gamma_2, \cdots, \gamma_T)$，包括所有的时点效应。该式含有 N 个截面方程。

（2）含有 T 个时间截面方程的面板数据

其形式如下：

$$y_t = \alpha l_N + \beta_{it} x_t + I_N \delta + \gamma_t l_N + \varepsilon_t \qquad (3-8)$$

其中：y_t 是某一时间点的各个个体成员的因变量观测值序列。系数向量 β 取值受不同时期的影响，x_t 表示某一时间点的各个个体成员的解释变量观测值序列。I_N 是 N 阶行向量，l_N 是 N 阶列向量。$\delta' = (\delta_1, \delta_2, \cdots, \delta_T)$，包括所有的截面效应。该式含有 T 个时间截面方程。

为了更好讨论，将这些方程堆积在一起。首先，按照面板数据的截面方程堆积起来，表示如下：

$$y = \alpha l_{NT} + \beta x + (I_N \otimes l_T)\delta + (l_N \otimes I_T)\gamma + \varepsilon \qquad (3-9)$$

在截面单位和时期的数据和参数满足经典假设的前提下建立的 β 矩阵和 x_t 矩阵，其无约束的协方差矩阵如下：

$$\Omega = E(\varepsilon\varepsilon^{'}) = E\begin{pmatrix} \varepsilon_1\varepsilon_1^{'} & \varepsilon_2\varepsilon_1^{'} & \cdots & \varepsilon_N\varepsilon_1^{'} \\ \varepsilon_2\varepsilon_1^{'} & \varepsilon_2\varepsilon_2^{'} & \cdots & \cdots \\ \cdots & \cdots & \cdots & \cdots \\ \varepsilon_N\varepsilon_1^{'} & \cdots & \cdots & \varepsilon_N\varepsilon_N^{'} \end{pmatrix} \quad (3-10)$$

而将这些方程看出是一系列的时点方程,通过时点堆积起来的方程组如下:

$$y = \alpha l_{NT} + \beta x + (l_N \otimes I_T)\delta + (I_N \otimes l_T)\gamma + \varepsilon \quad (3-11)$$

其协方差矩阵如下:

$$\Omega = E(\varepsilon\varepsilon^{'}) = E\begin{pmatrix} \varepsilon_1\varepsilon_1^{'} & \varepsilon_2\varepsilon_1^{'} & \cdots & \varepsilon_T\varepsilon_1^{'} \\ \varepsilon_2\varepsilon_1^{'} & \varepsilon_2\varepsilon_2^{'} & \cdots & \cdots \\ \cdots & \cdots & \cdots & \cdots \\ \varepsilon_T\varepsilon_1^{'} & \cdots & \cdots & \varepsilon_T\varepsilon_T^{'} \end{pmatrix} \quad (3-12)$$

为了得到模型 (3.6) 的参数的无偏有效估计量,假设模型满足下列条件:

1 误差项均值为 0,并且同方差;

2 误差项不存在截面相关;

3 解释变量与误差项相互独立;

4 解释变量之间线性无关;

5 解释变量是非随机的。

如果模型满足上面的假设,可以用最小二乘法估计模型的参数。

2) 面板数据模型的分类

在模型 (3.6) 式子中,将 δ_i 和 γ_t 归入截距里,常用的有如下的三种情形:

情形 1: $\alpha_i = \alpha_j, \beta_i = \beta_j$ \hfill (3-13)

情形 2: $\alpha_i = \alpha_j, \beta_i \neq \beta_j$ \hfill (3-14)

情形 3: $\alpha_i \neq \alpha_j, \beta_i \neq \beta_j$ \hfill (3-15)

(1) 对于情形 1,假设在横截面既无个体的影响,也没有结构的变化。即对于每个个体成员方程,截距项和系数向量均相同。对于该模型,将各个个体的时间序列数据堆积在一起来作为样本数据,这种模型称为混合回归模型 (Pooled regression model)。那么可以直接利用普通最小二乘法 (OLS) 估计参数,则该模型为:

$$y_i = \alpha + \beta x_i + \mu_i, \ i = 1,2,\cdots N \qquad (3-16)$$

实际上，混合回归模型假设了解释变量对被解释变量的影响与个体无关。这种假设被广泛的应用，但是在很多实际问题的研究中，该模型的适用性受到很大的限制。

（2）对于情形 2，假设在个体成员上存在个体影响而无结构变化，并且个体影响可以截距项的差别来说明，而系数向量相同，称该模型为变截距模型。从估计方法角度来看，该模型也被称之为个体均值修正回归模型（Individual - mean corrected regression model）。模型形式如下：

$$y_i = \alpha_i + \beta x_i + \mu_i, \ i = 1,2,\cdots N \qquad (3-17)$$

（3）对于情形 3，假设在个体成员上既存在个体影响，又存在结构变化，即用变化的截距项来说明的同时，用系数向量依个体成员的不同而变化，来说明个体成员之间的结构变化。这样的模型称为变系数模型或无约束模型（Unrestricted model）。模型形式如下：

$$y_i = \alpha_i + \beta_i x_i + \mu_i, \ i = 1,2,\cdots N \qquad (3-18)$$

3）面板数据模型的选择

在对面板数据进行估计时，使用的样本包含了个体、指标、时间 3 个方向上的信息。如果模型设定不正确，估计结果将与所要模拟的经济现实偏离很远。因此，建立面板数据模型之前要检验被解释变量的参数是否在所有横截面样本点和时间上都是常数，即检验所研究的问题属于上述 3 种情况的哪一种，以确定模型的形式。常用的检验是协变分析检验或协方差分析检验（Analysis of covariance）。主要检验如下的两个假设：

$$H_1: \beta_1 = \beta_2 = \cdots = \beta_N \qquad (3-19)$$

$$H_2: \alpha_1 = \alpha_2 = \cdots = \alpha_N$$
$$\beta_1 = \beta_2 = \cdots = \beta_N \qquad (3-20)$$

如果接受了假设 H_2，可以认为样本数据符合模型（3.16），不需要进行进一步的检验了。如果拒绝了假设 H_2，还要进行检验假设 H_1：如果接受假设 H_1，则认为样本数据符合模型（3.17）；如果假设 H_1 也被拒绝了，应采用模型（3-18）。

进行假设检验 F 统计量的计算方法如下：

(1) 计算最小二乘估计值

记 $\bar{y}_1 = \frac{1}{T}\sum_{t=1}^{T} y_{it}$, $\bar{x}_1 = \frac{1}{T}\sum_{t=1}^{T} x_{it}$ (3-21)

进行参数最小二乘法估计后,得到:

$$w_{xx,i} = \sum_{t=1}^{T}(x_{it}-\bar{x}_i)'(x_{it}-\bar{x}_i)$$

$$w_{xy,i} = \sum_{t=1}^{T}(x_{it}-\bar{x}_i)(y_{it}-\bar{y}_i) \quad (3-22)$$

$$w_{yy,i} = \sum_{t=1}^{T}(y_{it}-\bar{y}_i)^2$$

(2) 计算残差平方和

① 模型 (3.18) 的残差平方和为:

$$S_1 = \sum_{i=1}^{N}(w_{yy,i} - w'_{yy,i}w^{-1}_{xx,i}w_{xy,i}) \quad (3-23)$$

② 计算模型 (3.17) 的残差平方和,如果记为:

$$w_{yy} = \sum_{i=1}^{N}w_{yy,i}, w_{xy} = \sum_{i=1}^{N}w_{xy,i}, w_{xx} = \sum_{i=1}^{N}w_{xx,i}$$

则模型 (3.17) 残差平方和为:

$$S_2 = w_{yy} - w'_{xy}w^{-1}_{xx}w_{xy} \quad (3-24)$$

③ 计算模型 (3.16) 的残差平方和,如果记

$$T_{xx} = \sum_{i=1}^{N}\sum_{t=1}^{T}(x_{it}-\bar{x})'(x_{it}-\bar{x})$$

$$T_{xy} = \sum_{i=1}^{N}\sum_{t=1}^{T}(x_{it}-\bar{x})(y_{it}-\bar{y}) \quad (3-25)$$

$$T_{yy} = \sum_{i=1}^{N}\sum_{t=1}^{T}(y_{it}-\bar{y})^2$$

其中: $x = \frac{1}{NT}\sum_{i=1}^{N}\sum_{t=1}^{T}x_{it}, y = \frac{1}{NT}\sum_{i=1}^{N}\sum_{t=1}^{T}y_{it}$,则模型 (3.16) 残差平方和记为:

$$S_3 = T_{yy} - T_{xy}T^{-1}_{xx}T_{xy}, \quad (3-26)$$

(3) F 统计量检验

在假设 H_2 下检验统计量 F_2 服从相应自由度下的 F 分布,即

$$F_2 = \frac{(S_3 - S_1)/[(N-1)(k+1)]}{S_1/[NT - N(k+1)]} \sim F(N-1)(k+1), NK - N(k+1) \quad (3-27)$$

若计算所得到的统计量 F_2 的值不小于给定置信度下的相应临界值，则拒绝假设 H_2，继续检验假设 H_1，检验统计量 F_1 服从相应自由度的 F 分布，

$$F_1 = \frac{(S_2 - S_1)/[(N-1)k]}{S_1/[NT - N(k+1)]} \sim F(N-1)k, NK - N(k+1) \quad (3-28)$$

若计算所得的统计量 F_1 的值不小于给定置信度下的相应临界值，则拒绝假设 H_1，用模型（3.18）拟合样本，反之，则用模型（3.17）。

3.4 本章小结

本章主要对实证部分的研究设计进行了介绍。首先从整体上交待了实证部分的研究思路，设计了主要包括我国机构投资者持股偏好实证检验和持股机制实证检验的实证研究框架。根据研究思路及框架，介绍了本文所选取的研究样本、研究数据，并对研究设计的解释变量、被解释变量和控制变量作了简要阐述。随后对研究所采用的两种计量方法进行了说明。

4 基于企业社会绩效的机构投资者持股机理分析

基于企业社会绩效的机构投资者持股机理涉及到很多方面，本文主要从持股动机、影响因素和持股方式三个方面对基于企业社会绩效的持股机理进行剖析，以了解机构投投资者为什么会持股企业社会绩效好的公司、这种持股行为受到哪些因素的影响以及怎样持股这三个方面的问题。

图 4-1　基于企业社会绩效的机构投资者持股机理

4.1 基于企业社会绩效的机构投资者持股动机

4.1.1 主观持股动机

为了剖析机构投资者基于企业社会绩效的持股动机，Aguilera et al.

(2007) 基于组织公正多样化需求模型 (Cropanzano et al., 2001) 提出了一个理论模型,从主观层面解释了机构投资者在持股过程中为什么关注企业社会绩效。组织公正多样化需求模型认为对公正的关注背后有多样化的动机,这些动机反过来对应着人类的三种基本需求。即对组织公正的关注源于工具动机 (Instrumental motives)、关系动机 (Relational motives) 和道德动机 (Morality motives),各自对应着对控制、归属感和存在意义的需求 (如图 4-2 所示),其中工具动机源于自身利益,关系动机源于对组织内地位和状况的关注,道德动机源于行为的伦理以及更大范围 (比如世界范围) 的福利 (Cropanzano et al., 2001)。

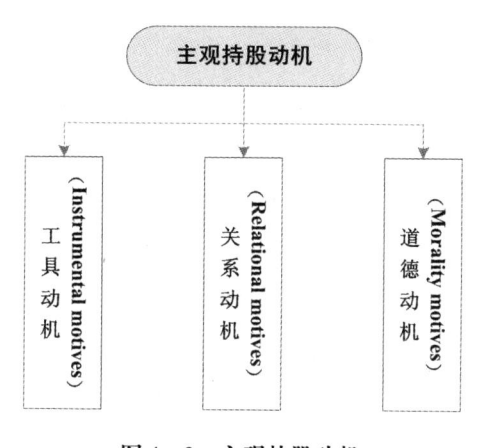

图 4-2 主观持股动机

1) 工具动机

一些机构投资者相信那些涉及到社会、环境与政府的问题会给企业经济绩效带来或好或坏的影响,对这些问题进行妥善的处理会增加企业的竞争优势;反之,没处理好则会导致竞争劣势 (Aguilera et al., 2006)。为了得到进行妥善处理后带来的竞争优势,避免由于没有处理好而导致的竞争劣势,机构投资者积极关注企业社会绩效,包括投资于针对社会、环境与政府问题做的很好的公司或者参与到公司中以提高公司在社会、环境与政府等方面的表现 (Solomon et al., 2004; Armour et al., 2003)。比如,英国的机构投资者参与了采掘业透明度行动计划 (Extractive industry transparency initiative),通过增加政治和社会的稳定性,来减少投资组合的财务风险 (Williams, 2004)。

因此，机构投资者基于企业社会绩效的持股行为被当做一种工具设计出来帮助企业进行财富创造（Garriga and Mele，2004），以达到经济目标，包括企业长期利益和短期盈利能力。对机构投资者而言，工具动机主要体现在追求长期投资回报方面，即投资是一个商业行为并且只有关注社会绩效的投资者更有可能在长期竞争中存活并发展（Wen，2009），"长期来看，不以社会认为负责任的方式使用现有的能力，最终将会失去它"（Davis，1973）。另外，在那些关注股东短期收益的机构投资者（比如互动基金、投资银行等）身上也能发现工具动机，只有当和收益存在直接联系的时候，这些投资者才会有兴趣在企业社会绩效方面投入精力与资源（Aguilera et al.，2007）。

2) 关系动机

关系动机一般是基于对企业社会准则的论点，即承认投资者对不同利益相关者群体、环境和社区都具有一定责任（Wood，1991），这表明投资者应当对各种投资活动中与社会绩效有关的结果负有相应的责任（Preston and Post 1975）。Wood（1991）扩展了这个观念并进一步研究表明商业和社会的互相影响是如此广泛，以至于公司和投资者确实发现他们对社会准则的关注程度甚至超过了对其他方面的关注。因此，即使机构投资者关注企业社会绩效主要是基于工具动机，其关注企业社会绩效的关系动机也是比较明显的（Aguilera et al.，2006）。

所谓关系动机就是要遵循逐渐涌现的企业社会准则。在英国，从机构股东委员会和英国保险协会约定的申明中可以发现这种社会准则，即认可企业社会责任问题的重要性（Aguilera et al.，2006）。英国养老基金行业二十个最大的基金管理者中有十一个是英国社会责任投资论坛的成员，有七个是英国慈善部门中最好的基金管理者（Williams and Conley，2005）。机构投资者之间的关联加强了地理和社会层面的依附性，这种依附性会强化对企业的控制（Bansal and Roth，2000），进而促使企业遵循认可企业社会责任问题重要性的观念。例如，机构投资者为了履行环境责任，积极敦促他们投资组合中的企业定期发布环境报告，即是这种关系动机的体现。

3) 道德动机

一般来看，养老基金等各机构投资者会受到法律规则的约束，且法律规则并不总是和道德责任一致。然而对机构投资者而言，法律规则本质上是基于信托法的信托责任，这种责任和参与其他行为的道德动力是一致的，即为了受益者利益最大化（Aguilera et al., 2006）。例如高校退休基金计划（Universities Superannuation Scheme）对于受益人同时存在法律责任和道德动机，正是在这种双重压力之下，高校退休基金计划成为了最早关注涉及气候变化和艾滋病等社会议题的养老基金（Clark and Hebb, 2005）。

另外，作为社会的一部分，机构投资者必须和其他个人和组织一样，促进社会共同价值的实现。在公司投资行为的每一个方面，机构投资者有义务通过行使其具有自由裁量权为社会承担一些责任（Carroll, 1979）。机构投资者和被投资的公司贡献社会价值的方式和贡献的程度，纯粹取决于自由裁量权。"一个企业的社会责任并非由一些抽象的组织部门实现的，而是由每个个人坚持不懈的制定或大或小、或轻微或重大的决策和选择来实现的"（Wood, 1991）。因此机构投资者可以在行使自由裁量权的基础上合理的监控企业社会绩效。

4.1.2 客观持股动机

除了上述三个主观动机之外，许多客观因素也刺激了机构投资者基于企业社会绩效的持股动机，主要包括政府的引导、社会的促进、公众的压力、相关者的推动以及机构投资者自身的要求等方面（如图 4-3 所示）。

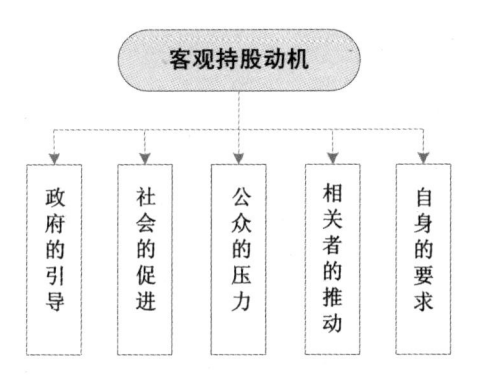

图 4-3 客观持股动机

1）政府的引导

在英美国家历经公司破产潮之后，政府越来越认识到企业社会责任的重要性，尽最大可能的鼓励和影响机构投资者关注企业社会绩效（Wen,

2009)。通过关注企业社会绩效改变公司重短期经济利益、轻长期社会目标的倾向（Lydenberg 2005），以期有效的恢复市场秩序。并基于此制定了大量法律法规或规章制度来推动机构投资者重视企业社会绩效的行为。以英国为例，有相关法律强制要求公司定期公布社会和环境报告（CSR Europe, 2003），同时明确强调机构投资者扮演的角色和承担的责任。凯得伯瑞报告（Cadbury Report, 1992）提到"基于他们共同拥有的庞大股份，我们期望机构投资者，特别是在机构股东委员会的支持下，利用其作为所有者的影响力，确保在他们所投资的公司遵守规则"；同样，格林伯瑞报告（Greenbury Report, 1995）也指出"机构投资者应该利用其权力和影响力，以确保公司能够按照规则认真的实施"。作为企业社会责任理念出现较早、机构投资者发展成熟的国家，英国给世界各国树立了良好的标杆，包括瑞士、德国、比利时、意大利和澳大利亚内的其他国家也纷纷效仿（Louche and Lydenberg, 2006），进一步强化了机构投资者基于企业社会绩效的持股动机。

2）社会的促进

在商业实践中，不同的机构投资者对他们所投资的公司有不同的目标和战略，一些机构投资者（比如公用养老基金）会主动参与企业社会责任，更关注企业长期收益甚至偏离股东利益最大化原则（Camara, 2005），也有一些机构投资者（比如互动基金和风险资本）主要关注企业的短期收益而不是长期前景。然而不论是以长期发展前景为目标、还是以短期财务收益为目标，都必须要考虑负面的品牌形象和公司名声所产生的成本，这些成本对投资组合回报有着直接的影响，比如影响现金流或者改变未来股价（Clark and Hebb, 2005）。

虽然如 Clark 和 Hebb（2005）所言，"毫无疑问干预能增加全球社会和环境绩效，但这个结果只是附带的效益，而不是公司干预的直接目标"。实证研究在证实社会对机构投资者基于企业社会绩效的持股存在重要影响的同时，也发现机构投资者或者公司关注社会议题主要基于两个非道德目的（CSR Europe 2003）：（1）去满足他们的委托人并防止客户流失；（2）改善公司财务绩效。但这并不妨碍社会的影响作用，即社会力量对机构投资者关注企业社会绩效存在一定的刺激作用。

3）公众的压力

来自公众的压力也是机构投资者基于企业社会绩效的持股动机之一，

由于企业的外部性不可避免的会对公众产生负面的影响，比如环境污染、用工歧视等问题，公众会通过媒体、舆论等手段对公司表达不满。尤其在信息技术飞速发展的背景下，这种不满的表达途径更加多样化，给公司施加的压力也更加大。以英国为例，英国公众受到越来越多的商业道德意识的影响，对企业社会责任行为给予了更多关注，最近的实证研究表明77%的公众希望他们的养老基金在不影响财务收益的情况下，制定投资决策时更多的关注企业社会绩效（Solomon et al.，2004）。相比其他欧美国家，英国政府、媒体和公众对企业社会绩效的关注更加积极，这一定程度上加强了英国机构投资者基于企业社会绩效的持股动机。

4）相关者的推动

企业社会责任受到越来越多相关机构与组织的关注，比如公司的利益相关者、各金融机构以及非政府组织，他们对机构投资者关注企业社会绩效有着积极的推动作用（Wen，2009）。这些相关机构和组织制定并通过了一些范式和制度，并努力迫使机构投资者关注企业社会绩效，改善他们投资的公司的财务、环境和社会问题（Dejean et al.，2004）。比如，世界经济论坛提议构建了全球层面的公司治理体系，并得到了全球企业公民倡议（Corporate Global Citizenship Initiative）的支持，该体系旨在通过解决全球性的社会问题改善世界经济的状况（World Economic Forum，2002）。国际上相关组织和经济结构越来越多的深入合作，使得对企业社会绩效得到了进一步的认识（Vogel，2005），并努力构建了一个良好的平台以对机构投资者监控企业社会绩效起到积极的推动。

5）自身的要求

机构投资者的构成一定程度上也是其基于企业社会绩效的持股动机的来源。例如在英国，绝大多数的机构资产被保险公司和养老基金拥有，他们都是长期支付义务的实体（Gonnard et al.，2008）。公共养老基金募集和投资的资产是代表政府雇员的，他们受到政治因素的强烈影响，因此会偏好社会责任而偏离股东财富最大化，例如环境保护、工人权利和人权（Camara，2005），因此以养老基金和其他长期投资者为主体的英国机构投资者积极干预企业社会事务。另外，很多公共养老基金会对他们投资组合中的大量公司增加持股期限，而且年成交量限制影响了这些基金及时卖掉投资组合中表现不好的公司，使得他们不得不投入更多精力参与公司治理、注重公司长期效益（Wen，2009）；同时相比其他投资机构，比如银行、投资信托,养老基金等,机构投资者的上述特点使得他们对短期财务压力具有更强的抵抗力,也更倾向于关注企业社会绩效、重视长期效益。

4.2 基于企业社会绩效的机构投资者持股影响因素

4.2.1 外部影响因素

机构投资者基于企业社会绩效的持股会受到来自外部环境的各种影响,比如宏观政策、法律法规、资本市场的发展与结构等等,本文主要从法律约束、监控压力和业务关系这三个影响效应比较直接且显著的因素出发,分析基于企业社会绩效的机构投资者持股的外部影响因素(如图4-4所示)。

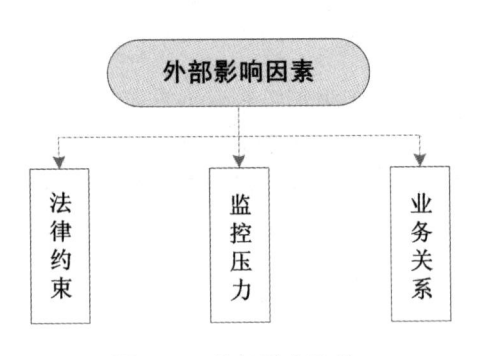

图 4-4 外部影响因素

1) 法律约束

机构投资者具有代理人和委托人的双重属性,法律上既要对基金受益人负责又要对持股公司负责(Allen and Santomero, 1998)。对基金收益人而言,机构投资者具有信托责任,包括行使管理职责和忠诚职责的信托法(Monks, 1997);作为股东,投资者又必须遵守证监部门颁布的大量法律法规(Ward, 1997)。所有机构投资者都要遵守这些基本的信托法案和其他法律法规,他们面临的法律环境是复杂而有针对性的。比如,很多养老基金受到联邦雇员退休收入保障法(Employee Retirement Income Security Act,简称 ERISA)的约束,这些法规对机构投资者的约束和压力已经得到了文献证实(Anandarajan and Lawrence, 1999)。在联邦雇员退休收入保障法的约束之下,养老基金在所投资的公司实施股东积极主义行为时必须能向美国劳工部门说明对企业社会绩效的干预行为带来的收益会超过干预产生的成本（Schelberg and Bitman，1999）。另外，养老基金管理者进行了不谨慎的投资或者违反资产多样化的投资，会受到联邦政府的起诉，并承担相应的法律责任（Brancato，1997）；如果被发现试图去控制所投资的公司，则该基金可能失去免税待遇（Blair，1995）。严格的联邦雇员退休收入保障法使得管理者不得不非常谨慎的进行投资策略的制定，其基于企业社会绩效的干预动机也会受到严重影响。因此，法律环境的约束势必会影响机构投资者干预企业社会绩效动机和行为。

2）监控压力

机构投资者制定投资决策时要考虑外部的监控压力（Ryan and Schneider，2002），处于监控压力之下的机构投资者，会将这种监控压力转化成对企业社会绩效的监督与干预。英国养老基金正是由于受到来自行业和公众的监控压力，使得其在投资计划中要充分考虑社会、环境和道德的状况（Occupational Pension schemes，1999），行业压力来自于给机构投资者制定社会道德标准的行业贸易协会（National Association of Pension Funds，2002；et al.）；公众压力来自于公众对企业社会绩效的密切关注，有调查表明77%的被调查对象支持道德养老基金（The Ethical Investor，1999）。因此，监控环境的压力会影响机构投资者基于企业社会绩效的持股，而且随着外部监控压力的形式和程度的不同，持股动机或行为也会存在较大差异。

3）业务关系

机构投资者基于企业社会绩效的持股还会受到与公司业务关系的影响，因为机构投资者除了投资者角色之外，和公司或多或少存在业务关系（Brickley and Smith，1988），这种业务关系一定程度上会影响机构投资者的行为。根据对业务压力的敏感程度，机构投资者可分为三类：压力敏感型，即和公司存在潜在的大规模业务关系，比如银行、保险公司；压力抵制型，即和公司几乎不存在任何业务关系，比如公共养老基金、共同基金；压力中性型，即和公司的业务关系是不确定的，比如私人养老基金。很多实证研究也发现投资组合中的公司对这三类机构投资者确实存在显著不同的影响（Brickley and Smith，1988；David et al.，1998；et al.），即就机构投资者对公司决策和行为的干预积极程度而言，压力抵制型机构投资者要远大于压力敏感型机构投资者。因此业务压力敏感程度的差异对机构投资者基于企业社会绩效的持股存在不同的影响。

4.2.2 内部影响因素

从机构投资者自身来看,存在很多内部因素影响对企业社会绩效的持股,比如机构投资者自身的规模、投资组合的持股规模、投资集中程度以及投资策略等等,或多或少都会影响其基于企业社会绩效的持股的积极性。下面着重从机构股东积极主义、机构投资者的合作、投资期限和业绩目标四个方面介绍机构投资者持股的内部影响因素(如图4-5所示)。

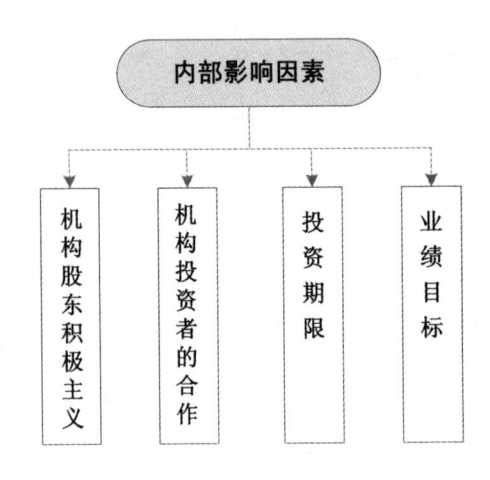

图4-5 内部影响因素

1)机构股东积极主义

Chaganti 和 Damanpour(1991)发现拥有一定的股权并不意味着得到公司的控制权,控制权仍然属于管理层。股权的运用需要机构股东采取积极主义策略积极参与监控公司,如果必要的话甚至可以挑战管理层(Smith,1996)。当对企业社会绩效问题产生冲突时,股东积极主义会促使机构投资者反对管理层,表达他们对特定企业社会绩效议题的态度。比如股东大会上,一些机构投资者质疑董事会中妇女和少数民族的数量,或者公司在环境保护技术方面的投资等(Neubaum and Zahra,2006)。如果管理层没有考虑企业社会绩效,机构股东可能采取对抗积极主义,通过积极主义机构股东试图让管理层更关注社会议题。积极主义行为能够帮助机构投资者打破管理层权力垄断,有利于机构投资者对企业社会绩效问题的关注（David et al., 2001）。虽然大多数机构股东消极的避免公共冲突，积极主义还是在过去的十年显著高涨（Edwards and Hubbard, 2000; et al.）。假设机构股东不能在股票价值不贬低的情况下卖掉他们的大量持股，他们可能会采取积极主义，增加管理层对他们诉求的关注（David and Kochhar, 1996），进一步加强对企业社会绩效的重视。

2）机构投资者的合作

当某一社会议题遭到来自机构投资者的挑战时，管理者通常会考察成本与收益以权衡是否考虑机构投资者的提议。一些公司管理层可能试图重新选择机构股东（Useem, 1996）或者与机构投资者重新谈判，还有一些管理层会竭力满足于机构投资者的需求，同时也会担心由此带来的他们独立性和权力的削弱以及未来更多需求的滋长，所以大部分管理层会忽略机构投资者的需求。为了应对这种搪塞策略，机构投资者可以联合起来以一个整体的形式增强话语权，各种机构投资者联合起来的力量势必能增加机构需求的重要性和显著性（Neubaum and Zahra, 2006）。因为当两个或更多机构投资者联合起来针对某一公司采取积极主义时，相比那些各自提议的机构投资者，他们的需求更加可能得到管理层的注意与满足。机构投资者的合作会让他们在企业社会绩效方面的主张更加具有压迫性、可靠性以及合法性，也会更加受到管理层的重视（Agle et al., 1999）。

机构投资者的合作行为能够成功，有一条最重要的前提，那就是要有一种认知，即对抗性的积极主义可能会成功（Smith, 1996），同时对抗性积极主义需要一定的成本，机构投资者之间的合作能减少机构积极主义成本的分摊同时能给管理者更多的压力（Hoffman, 1996）。另外，最近证券法律法规的变化允许机构投资者的互动，这进一步促进了机构投资者的合作。一些全国性的机构合作组织也采取了一些行动，比如强化专业技能、识别相关企业社会绩效问题、共享一些公司的信息、建议合作策略、为了成员利益和公司进行沟通等，这些行动使得机构投资者互相合作以积极关注企业社会绩效更加容易（Smith, 1996）。

3）投资期限

按照投资期限的长短，机构投资者可分为短期机构投资者（Short-term institutional investors）和长期机构投资者（Long-term institutional investors），短期机构投资者包括共同基金、投资公司等，以追求短期财务绩效和流动性为目标；长期机构投资者包括养老基金、保险基金等，具有较长的投资期限和投资周期（David et al. , 2001；Ryan and Schneider, 2002；et al.）。短期机构投资者会根据他们投资组合的短期绩效进行奖惩（Starks, 1987），基于这样的压力他们会投资那些涨势很好的股票（Khorana, 1996）。这些短期投资者和公司仅仅只有财务关系，如果对财务绩效不满意就卖掉股票寻求其他投资机会（Roe, 1994）。短期机构投资者为了短期利益最大化的目标，会鼓励公司采取最大化短期利益的政策和措施（Chaganti and Damanpour, 1991；Hoskisson et al. , 2002）。短期机构投资者和公司之间的关系的短暂性会对其干预企业社会绩效产出一定的负面影响。而长期机构投资者相较短期机构投资者而言更有耐心、持股时间更长（Hoskisson et al. , 2002；et al），长期持股使得这些机构股东能够和管理层建立良好的关系（Useem, 1996），以增加他们在持股公司管理层当中的影响力。并积极促进公司和顾客与供应商建立有效的持续的关系、和社区等其他重要利益相关者维持积极的互动、培育良好的企业文化，通过长期的积累产生竞争对手很难模仿的（Hillman and Keim, 2001）、非常有价值的无形资产，即通过干预企业社会绩效给以公司可持续发展的竞争优势。另外长期机构投资者的的薪酬不仅仅取决于他们投资组合的业绩（Johnson and Greening, 1999），一些长期机构投资者也建立指数化投资这样一种长期投资工具（Gilson and Kraakman, 1991；Hoskisson et al. , 2002），有利于其加强对企业社会绩效的关注。

4）业绩目标

机构投资者对公司的预期可能是财务指标也可能既有财务上的也有其他方面的指标（Johnson and Greening, 1999）。一些机构投资者承认他们采取积极主义策略不仅仅是为了增加财务回报，还意图促进社会责任议程（Smith, 1996；Wahal, 1996）。那些强调将股东价值最大化作为唯一目标的机构投资者，可能会尽可能的避免积极主义带来的成本，包括根据财务绩效买卖股票产生的成本，或者大多数努力追求财务收益的投资者和基金搭便车时产生的成本（Ryan and Schneider, 2002）。而迅速增长社会责任投资基金证明，许多机构投资者需要的不仅仅是从其持股公司中获得财务回报（Investor Relations Business, 1999）。机构投资者对企业社会绩效的干预手段很多，比如给投资组合的公司施压去抵制南非的部分公司（Teoh and Welch, 1999），并终止购买他们通过砍伐原始森林制造的产品（Clow, 1999），哪怕会对财务收益产生负面影响。因此业绩目标的差异对机构投资者基于企业社会绩效的持股行为存在直接的影响。

4.3 基于企业社会绩效的机构投资者持股方式

机构投资者基于企业社会绩效的持股动机和影响因素不同，会导致其持股方式存在较大差异，按照机构投资者是否直接基于企业社会绩效进行持股，持股方式主要可分为间接的持股方式和直接的持股方式两种。其中间接的持股方式又可分为消极持股和积极持股两种，消极持股主要表现为机构投资者制定投资决策时的持股偏好，积极持股主要表现在持股后对企业社会绩效的积极影响作用。而直接的持股方式主要包括社会责任投资等投资手段（如图4-6所示）。

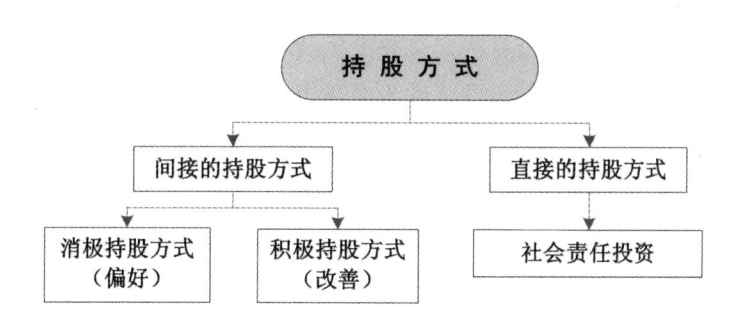

图4-6 基于企业社会绩效的机构投资者的持股方式

4.3.1 间接持股方式

间接的持股方式包括消极的持股方式和积极的持股方式两种。消极的持股方式是指仅通过持股的变动表达对公司的态度，对那些企业社会绩效良好的公司增加持股比例，或者直接卖掉持有的企业社会绩效不好的公司（Graves and Waddock，1994），即通过专业的眼光和先进的金融分析工具在投资决策指定时关注持股公司的企业社会绩效。而积极的持股方式是指在持股之后，积极的干预公司决策与行为以促进企业社会绩效的改善。

积极的持股方式是指借助一些股东积极主义的手段通过公司治理层面对管理层施加影响，包括股东提案、征集投票权、私下协商、公开批评等，在实践中机构投资者通过持股干预企业社会绩效最常用的方式是股东提案（Sjostrom，2008）。机构投资者主要通过股东提案干预企业社会绩效。股东提案是积极主义投资者采取的用以直接引起公司注意、督促公司改善相关问题的积极主义手段（Wood，1991），机构投资者常常在每年的股东大会上提交关于企业社会绩效问题的提案（Mathiasen，1994）。作为公司管理层会制定影响企业社会绩效的决策，机构投资者要想改善企业社会绩效必须可以对管理者施加影响，股东提案就是这样一种正式的、可视的对企业社会绩效表达不满的机制（David et al.，2007）。股东提案通过传播给积极主义者提供了一个去跟其他股东交流并寻求支持的途径，其他机构股东对某提案敏感，能通过投票表明他们支持还是反对；现在的和潜在的雇员可能反应消极，如果他们通过提案意识到企业社会绩效的不足（Turban and Greening，1997）；法规制定者也会通过积极主义投资者的提案作为其制定规则的参考要素；消费者可能变得意识到他们能改变从公司购买商品的意愿，甚至可能会通过抵制来给公司施压（Hoyer and MacInnis，1997）；尽管管理层没有法定义务去执行股东提案，但他们对股东有一种信托责任。因此机构投资者将股东提案作为一种警示公司存在问题和需要改变的手段，并激励公司采取相应的措施改善企业社会绩效。下面对机构投资者基于企业社会绩效的股东提案从议题、结果和目标公司三个方面进行简要分析。

1）提案涉及的议题

1970 年，一项涉及社会议题的提案第一次得到通过，拉开了机构投资者通过股东提案干预企业社会绩效的序幕。从 70 年代开始关于社会和环境议题的股东提案逐渐成为机构投资者干预企业社会绩效的主要方法，各种提案涉及企业社会绩效的各个方面（Sjostrom，2008），包括政治问题、社会问题、环境问题、法律问题等。提案最多的议题集中在环境保护（Proffitt and Spicer，2006）、人权（Vogel，1983）、劳工标准（Monks et al.，2004）、反歧视（Tkac，2006）等方面，其中机构投资者对人权问题的关注一直保持着较高的兴趣，对劳工方面的提案也越来越多，而对环境问题的关注程度起伏很大（Graves et al.，2001）。

2）提案的结果

机构投资者提交股东提案后，会面临公司的三种处理方式，如果提案违反证监部门的规定、不适合出现在年度股东大会上或者其他一些原因，提案就会被驳回；如果没有被驳回，但是公司愿意就提案涉及的议题进行对话协商，并尽量满足提案的要求，提案就会被撤销；既没有驳回又没有撤销的提案会被提交股东大会进行投票（Graves et al., 2001）。在机构投资者进行股东提案的早期，大多数提案的支持率不到3%，则该议题便不能在下一年再次涉及，而从1975年开始，超过半数的提案得到至少3%的支持率（Vogel, 1983）。随着机构积极主义的发展，支持率得到进一步的提升，同时公司越来越多的被要求制定正式的规章制度作为解决议题的方法，而不仅仅只在特定问题上做出调整。

3) 提案的目标公司

机构投资者提案的目标公司一般是知名的大公司，以及那些和社会民生密切联系的公司，比如从事食品、烟草、纺织和服装的公司。机构投资者对目标公司的选择基于两个动机：一是利益动机，比如机构股东感到他们的特定利益没得到满足；二是认可动机，作为一种强化积极主义团体的方法，通过以可见的公司为目标并因此创造外部的关注（Rehbein et al., 2004）。机构投资者通常对每个目标公司每一年只提交一个提案（Clark et al., 2006），而对那些家喻户晓的大公司且在社会绩效方面受到媒体关注的，往往会提交一系列的提案（Graves et al., 2001; Clark et al., 2006）。另外，有形资产占较大比例的公司中，财务绩效差的比财务绩效好的公司会得到机构投资者更多的提案，而无形资产比例高的公司中，财务绩效好的比财务绩效差的公司会得到更多的提案（Clark et al., 2006）。

4.3.2 直接持股方式

机构投资者基于企业社会绩效的直接持股方式主要是社会责任投资（Socially Responsible Investment），也称为社会事业投资（Bruyn, 1957）、绿色投资与目标投资（simpson, 1991）等，是一种正在兴起并逐渐成为主流之一的投资方式。美国社会投资论坛（Social Investment Forum）将社会责任投资界定为"一种在精确的财务分析的背景下，将因投资所造成的社会或环境积极与消极的后果，纳入到投资决策的过程当中的投资策略"；欧洲可持续性投资论坛（the European Sustainable Investment Forum）的研究报告则认为社会责任投资是"一个持续发展中的概念，其包括了道德投资、责任投资、可持续性投资等任何其他将环境、社会、治理因素与财务目标一起纳入到决策过程中的投资"；等等。综合来看，社会责任投资是一种将企业社会绩效的考察引入投资决策制定过程中，且对所投资的公司进行持续的企业社会绩效监控与改善的投资策略。根据道德投资研究服务组织（Ethical Investment Research Service，简称 EIRIS）对英国、美国、欧洲以及亚太地区近 2500 家公司的研究，社会责任投资主要有三种基本的策略，即筛选策略（Screening）、参与策略（Engagement）和引导策略（Preference）。

1）筛选策略

筛选策略是指投资者根据社会、环境和道德等标准进行投资组合的选择与确定的一种投资策略，即在投资过程中把企业社会绩效作为挑选投资对象的重要参考指标，通过一定的筛选标准屏蔽那些企业社会绩效不好的公司或者持股那些企业社会绩效良好的公司。他们通常借助于外部数据库收集的大量关于公司企业社会绩效方面的数据进行判别，最著名的企业社会绩效数据库是美国的 KLD 数据库和英国的 EIRIS 数据库。筛选策略最开始主要运用于宗教团体的社会责任投资中，宗教团体基于自己的价值判断，在确定投资组合时避免投资于违背道德的公司（Schueth，2003）。早期的筛选策略主要针对公司生产的产品，考察其是否符合道德标准。随着社会责任投资的发展，筛选策略不再仅仅局限于产品，而是扩展到整个产品的供应链的每个环节，包括公司提供的服务、在生产产品或提供服务过程中的活动、供应商等。筛选策略具有可操作性强、应用广泛的优点，但缺点是标准的确定与统一的难度较大（田祖海，2007）。按照筛选标准的不同筛选策略可分为负面筛选（Negative Screening）策略和正面筛选（Positive Screening）策略。

（1）负面筛选策略

负面筛选策略也称为"避免"（Avoidance）或"剔除"（Exclusion）的筛选策略，即在制定投资决策时将不符合社会、环境和伦理标准或准则的公司股票从投资组合中剔除出去，或者放弃投资这些公司股票。负面筛选是被大多数社会责任投资基金广泛采用的最基本的社会责任投资技术，早期的负面标准主要涉及烟酒、武器等行业，后来扩展到南非种族隔离、污染环境、劳工标准、色情等等，投资者在投资过程中极力避免持股这些对社会、环境以及道德有负面影响的公司。

（2）正面筛选策略

正面筛选策略也称为"积极"的筛选策略，是指在制定投资决策时挑选在社会、环境和道德等企业社会绩效方面表现良好的公司的股票，并将它们纳入投资组合中。相较于负面筛选，正面筛选可以挑选的目标公司更多，因此正面筛选策略也被认为是一种较好的社会责任投资策略，得到机构投资者的广泛运用。

2) 参与策略

参与策略是指识别投资组合中的公司在社会、环境和道德方面需要改进的地方，并鼓励他们进行改进，包括简单的告知他们某个政策或让他们知道这个政策如何影响公司决策；试着说服他们通过定期的会议去改善他们对一些问题的不良行为，例如员工关系、重复利用、减少污染等；通过提供帮助以构建出他们自己的政策。这是一种投资者直接参与到公司决策中，及时发现企业社会绩效问题并督促改善的社会责任投资策略，它使社会责任投资者从被动的筛选方式转变为积极主动的投资方式（Dillenburs，2003）。机构投资者对参与策略的采用，意味着社会责任投资发展趋于成熟，逐渐从边缘地位上升为主流投资策略（Sparkes，2004）。

参与策略涉及多种具体的实施手段，其中最重要的手段是股东主张（Shareholder Advocacy）。股东主张是指有社会责任意识的股东以公司所有者身份采取行动，通过股东所有权影响公司的行为，让公司朝着更富有社会责任的方向运营，促使公司社会、环境和道德等方面的提升（田祖海，2007）。根据美国社会投资论坛（US Soeial investment forum，简称 USSIF）的数据，在 2005 年美国社会责任投资基金中采取股东主张方式的投资占到总投资的 26%。股东主张最主要的表现形式是在年度股东大会上或"抵制"不利于企业社会绩效的提案、或投票支持与企业社会绩效相关的提案，借助公司治理机制行使股东权利以促进企业社会绩效的改善。除此之外，股东主张还有其他多种形式，如公开宣传股东团体的目标或与公司管理层直接对话解决争议等。

3) 引导策略

引导策略是指社会责任投资者按照一系列的指导方针进行投资的策略。指导方针主要涵盖投资者希望其投资的公司应该达到的一些要求或条件，根据指导方针投资者对投资组合进行权衡，主要考虑投资是否符合指导方针规定的要求或条件。现阶段运用较为普遍的社区投资（Community Investing）就是引导策略的一种主要手段。

社区投资是指投资者投资于那些以经济利润为主要目标的传统金融机构所不愿意投资的社区，特别是中低收入群体、小型企业和社区急需的金融服务。这些社区由于收入较低、风险较大，很难通过传统融资渠道获得资金。许多社会责任投资者基于社区投资策略将他们的投资资金中的一小部分指定投资到社区发展金融机构（Development Financial Institutions，简称 CDFIs），这些机构的使命是在较为落后与贫困的社区给低收入者提供住房、小商业投资资金支持。社区投资除了向低收入群体和社区小型企业提供信贷、担保等基本的金融服务产品外，还向扶贫和促进社区发展的关键社区服务提供资金，如教育、住房、健康保健、幼儿保育、技术支持等服务项目，另外还向那些致力于开发创造性解决环境和社会问题的产品或服务的企业，或者具有巨大潜力技术的企业提供资金和管理帮助（田祖海，2007）。社区投资在整个社会责任投资基金中比例很小，但它发展速度很快，是一种较有发展潜力的社会责任投资策略。

4.4 本章小结

本章主要从持股动机、影响因素和持股方式三个方面对基于企业社会绩效的机构投资者的持股机理进行了分析。机构投资者基于企业社会绩效的持股动机涵盖主观持股动机和客观持股动机，其中主观持股动机包括工具动机、关系动机和道德动机三种，客观持股动机包括政府的引导、社会的促进等五种。基于企业社会绩效的机构投资者持股的影响因素涵盖外部影响因素和内部影响因素，外部影响因素包括法律约束、监控压力和业务关系三种，内部影响因素包括机构股东积极主义、机构投资者的合作、投资期限和业绩目标四种。机构投资者基于企业社会绩效的持股方式包括间接持股方式和直接持股方式，其中间接的持股方式又分为消极持股和积极持股两种，而直接持股方式主要指社会责任投资。

5 我国企业社会绩效的界定与计量

5.1 我国企业社会绩效界定

5.1.1 我国企业社会绩效的内涵

利益相关者理论日渐盛行后,理论界对企业社会绩效的讨论大都是基于利益相关者展开的。利益相关者概念最早由伊戈尔·安索夫(Igor Anslff,1965)在《公司战略》一书中提出,之后随着弗瑞曼(Freeman,1984)的《战略管理——利益相关者方式》的问世,"利益相关者"得到广泛关注与研究。米切尔(Mitchell et al.,1997)等人认为利益相关者的内涵包括三个层次:首先最广义的利益相关者泛指那些对公司运营产生影响或者是会受到公司经营影响的自然人或社会团体;第二层次的利益相关者是不包括政府、社会团体等在内的与公司存在直接联系的自然人或社会团体;而狭义的利益相关者,也就是第三层次的利益相关者,即与公司绩效联系异常紧密的自然人或社会团体。综上,利益相关者就是指这样一些"人、群体或组织",即公司经营活动能够影响到的那些人、群体或组织,或者是那些可能需要对上述影响的后果进行承担的群体。

企业与利益相关者之间有着千丝万缕、密不可分的联系,英国《Hampel 报告》规定:"公司必须关注与成功有关的因素,比如员工、消费者、债权人等,……只有加强与上述利益相关者的联系与沟通,才能有效履行相应的法律义务进而获取长期的企业价值";《美国商业圆桌会议公司治理声明》指出:"站在公司的角度,必须注重对各利益相关者的满足才能保证股东的长期利益,比如给雇员提供良好的工作环境、给客户提供优良服务等,……为了公司的长期业绩,公司的管理层不得不充分关注其他利益相关者的利益";《韩国公司治理最佳实务准则》更是提出了大量详细而明确的规章制度,以促进利益相关者积极主动的参与公司治理进而保护利益相关者的权利；英国、日本等国家也将利益相关者利益的保护纳入到公司治理原则当中。

而在我国证券市场，证监会2002年初出台的《上市公司治理准则》从制度上为中国上市公司利益相关者的利益保护奠定了基础。而在2006年9月25日，有深圳证券交易所出台"上市公司社会责任指引"则明确规定上市公司应重视社会的全面进步、自然资源和环境的可持续发展，要对股东、债权人、员工、消费者、供应商、社区等各利益相关方履行相应的责任。

因此，本文同样基于利益相关者理论考察我国企业社会绩效，利益相关者理论是对"股东至上"原则的修正，同时明确了企业社会绩效的具体对象和内容，为企业社会绩效的界定提供了有效途径。本文认为，企业社会绩效是为了满足股东、债权人、政府、员工、消费者、供应商、社会公益以及环境等各利益相关者的利益所表现出来的"动机"、"行为"及"结果"的总和。

5.1.2 我国企业社会绩效影响因素分析

基于利益相关者的视角，对企业社会绩效的影响因素进行分析，根据陈宏辉（2004）等人的成果，我国企业的利益相关者主要涵盖股东、债权人、政府、员工、消费者、供应商、社会公益以及环境八类。

1）基于股东的影响因素

作为企业的所有者，企业从设立到成熟都需要股东给予的资本金，与此同时股东便需要为企业运作过程中面临的各种风险负责、各种损失买单。与其他利益相关者相比，股东对企业的重要性更加举足轻重。作为对上述风险的补偿，股东必然需要一些收益当作其投资的回报。一般而言，股利分红以及股票价格的上涨所得到的收益构成股东的主要投资回报，这种回报是建立在稳定的股利和良好的股价基础之上的。一旦企业没有满足股东之前的投资预期，他们便会"用脚投票"，即卖掉持有的股份或者取消对企业的其他投资，进而对企业的良好运营带来非常不利的影响。因此，股东利益的满足程度对企业社会绩效有很重要的影响。

2）基于债权人的影响因素

在市场经济大环境下，企业为了进一步提升竞争力、扩大规模，不可能仅仅借助自己的企业内部积累就能满足各种资金需求，企业不得不将筹措资金的渠道转向企业外部。债权人正是企业外部的主要的资金供给方，他们对企业的重要性不言而喻。比如在现实社会，不管多么优秀的企业总会出现资金短缺的情况，在融资渠道不完善、金融市场不发达的前提下不得不向银行或其他机构融资。那么企业就必须承担基于债权人的责任，保证债权人资金的安全并根据合同规定还本付息。当企业没有及时履行相关条款并对债权人的利益产生了不利的影响，企业的声誉同样会受损，这种情况下已经投资或将要投资的债权人会重新考虑他们的投资策略，使得企业利益得到损害。

3）基于政府的影响因素

政府作为一个非常重要的利益相关者，对企业社会绩效势必会产生影响。企业得以良好运营的外部环境需要政府的打造与维护，例如制定相应的法律法规、设计有利于行业发展的规章制度、提供完善的相关基础设施、搭建供企业合作交流的平台。企业通过贯彻落实相关政策法规、积极履行相关义务、推行政府的相关制度，能够和政府培养良好的互动，进而获得一个良好的外部发展环境以及提升对政策环境的适应能力与应对能力。反之，如果对政府的利益不闻不问的话，对企业的正常经营与持续发展会产生不利的影响。因此，政府是企业社会绩效非常重要的一个影响因素。

4）基于员工的影响因素

员工利益在企业社会绩效评价中占有一定的权重。企业的正常运作离不开雇员的劳动与投入，他们是企业在激烈的竞争环境中屹立不倒的根基，尤其是那些拥有大量经验与技能的雇员。然而由于人力资本的专用性，员工将他们的命运与企业命运紧密的关联起来，和企业构成了一个利益共同体。员工通过自身的劳动与投入为企业创造财富，那么企业反过来必须提供相应的回报。作为一个企业必须要承担基本的社会责任，比如确保员工的安全与健康。除此之外，还需要更高要求的责任，比如良好的工作环境、完善的职业发展途径、持续学习与培训的平台、平等的就业与升迁机会等。

5）基于供应商的影响因素

供应商也是企业社会绩效的一个影响因素。通过给企业提供产品的原材料，供应商对企业最终产品的质量与成本有着决定性的影响。在竞争环境日趋激烈的信息化社会，供应商对产品的参与程度直接会加快新产品的开发周期、提升对消费者需求的满足程度。伴随着现代企业组织形式的革新——网络式虚拟企业的产生，使得企业将大量业务进行外包，同时也使得企业越来越依赖供应商。在这种情况下，大量企业和供应商深度合作，成为分享"链条成本"并共享资源与信息的合作伙伴，以提升其市场竞争能力。与供应商的合作对企业的有序经营与持续发展有着很大的影响，所以供应商成为企业日益关注的重要资源。

6）基于消费者的影响因素

企业的最终目的是为消费者提供产品与服务，离开消费者企业不可能生存与发展。在科学技术水平日趋精进以及市场竞争环境日益激烈的前提下，消费者越来越占据了主导地位，他们不只是要求提供良好的产品质量以及低廉的产品价格，还需要不断满足他们的个性化需求。同时在人类社会不断进步的今天，消费者还将产品的使用对环境资源的影响等企业社会责任方面的问题纳入到他们关注的范围。有研究证实，企业要想持续获得较高的收益，必须培养较高的顾客满意度与忠诚度，因此企业获得消费者的认可是非常重要的因素，消费者利益从一个方面体现了企业社会绩效。

7）基于公益的影响因素

企业作为社会的一份子，与社会的各个方面均存在千丝万缕的关联。一方面企业能够安排大量的就业岗位有效的释放社会的就业压力，或者修建大量公共基础设施以确保社会的有序运行。而另一方面，企业的生产经营活动也会给社会带来负面的影响，甚至损害社会的环境、危害人民的健康等。企业在追求自身发展过程中还应该积极帮助发展社会公益事业，如发展卫生保健事业、发展教育事业、发展养老事业、缩小贫富差距、为特殊人群提供就业机会、促进科技进步、积极参与预防犯罪、倡导良好的社会公德等。企业要实现长期发展，就必须树立良好的企业形象，承担公民的义务。企业在社会公益方面的表现直接影响企业社会绩效。

8）基于环境的影响因素

环境问题越来越成为企业无法回避的问题，社会各界对环境问题的关注达到从未有过的高度，政府不断制定与完善环境保护相关的各项规章制度、投资者在对企业进行评价时越来越重视其环境风险以及可持续发展能力、消费者对环保包装的产品和绿色产品也非常重视。一旦企业在环境保护方面不够积极主动，便可能受到一系列的负面影响，比如受到政府的惩罚、企业的公众形象会恶化、企业的治理成本会上升、甚至导致市场份额的减少。环境资源已是牵制企业正常经营和战略发展的重要因素，企业必须推行积极的环境资源政策，以提高企业的经营业绩。因此，企业在环境方面的表现对企业社会绩效也存在一定的影响。

5.1.3 我国企业社会绩效评价方法选择

国外对企业社会绩效的研究比较成熟，建立了专门评价企业社会绩效的数据库，如 KLD 指数（Neubaum and Zahra, 2006; et al.）、EIRIS 数据库（Cox et al., 2004; et al.）、MJRA CSID 数据库（Mahoney and Roberts, 2007）等。国内企业社会绩效的评价研究尚无定论，有的采用单一指数法，即选择个别有代表性的财务指标计量企业社会绩效，如捐赠支出（谭宏琳和杨俊，2009）等，这种计量方法显然不能全面衡量企业社会绩效；有的采用问卷调查法，如杨自业和尹开国（2009）采用行为评估问卷调查方法测度我国上市公司的社会绩效，该方法对量表的信度和效度要求较高，而且很多定性指标的选取与评价均存在较强的主观性。

直接对企业社会责任表现进行计量，也存在类似的问题。如《WTO 经济导刊》主办的"金蜜蜂企业社会责任中国榜"和胡润推出的"胡润企业社会责任 50 强"榜单均采用声誉评级法，存在一定的主观性且评价覆盖的样本范围和数量有限，我国目前还没有成熟的类似"KLD 指数"的声誉指标体系及评价数据。李正（2006）采用内容分析法评价企业社会责任的履行情况，但数据来源主要依靠公司的"信息披露"，存在三点缺陷：①上市公司年报披露的信息受政策法规影响大，样本容量容易受到限制；②我国公司的公开信息相对较少，能用于内容分析法的信息更为有限；③披露的信息一般未经社会责任审计，真实性较差。而采用多指标综合评价企业社会责任表现时，在指标选择和权重确定时容易渗入主观因素。

因此本文基于社会稽核法，选取公开的客观数据，采用因子分析对企业社会绩效进行综合评价以保证评价的客观性。即在对客观数据进行收集整理的基础上，利用因子分析法对企业社会绩效评价指标进行筛选、归类、确定权重，以保证评价的客观性，最终得到企业社会绩效的综合评价结果。

5.2 我国企业社会绩效评价指标体系设计

5.2.1 评价指标分析

根据我国企业社会绩效的内涵和影响因素的分析与归纳，参考国内外已有文献中所涉及的各评价指标，基于各利益相关者进行企业社会绩效评价指标的分析。

1）基于股东的评价指标

（1）资本保值增值率

资本保值增值率反映了投资者在企业所投资本的保全性和增长性，该指标越大，企业的资本保全状况越好，所有者权益增长越快，公司满足股东获利目标的程度越高，对股东利益的保障程度越高。资本保值增值率计算公式如下：

资本保值增值率 = 期末股东权益/期初股东权益。

（2）股利支付额

股利支付额反映企业实际支付给投资者的现金股利，公司发放股利越多，对股东和潜在的投资者吸引力越大，也就越有利于建立良好的公司信誉从而促进公司的成长。股利支付额计算公式如下：

股利支付额 = 分配股利或利润所支付的现金。

（3）股利支付率

股利支付率反映了股东的盈利水平，是向股东分派的股利占公司盈利的百分比，股息支付率较高的公司更倾向于是绩优公司。股利支付率计算公式如下：

股利支付率 = 股利支付额/净利润。

（4）每股收益

每股收益是反映股东盈利能力的最重要的比率，也是用于确定股票价格的重要指标，直接反映股东的资本所能带来的收益。每股收益越高，公司满足股东获利目标的程度越高，对股东利益的保障程度越高。每股收益计算公式如下：

每股收益 = 利润/总股本。

2）基于债权人的评价指标

（1）现金流量利息保障倍数

现金流量利息保障倍数是公司经营现金流量净额与债务利息的比值。该指标反映公司现金流偿付利息费用的能力，是评价债权人投资安全性的指标。一般而言，该比率越高，公司偿付借款利息的能力越强，债权人在企业的投资越有保障。现金流量利息保障倍数计算公式为：

现金流量利息保障倍数＝经营现金流量净额/利息支付额。

（2）利息支付额

利息支付额反映了企业实际支付给债权人的利息，包括企业短期借款利息、长期借款利息、应付票据利息、票据贴现利息、应付债券利息、长期应付引进国外设备款利息等利息支出等。利息支付额计算公式如下：

利息支付额＝财务费用－汇兑损失。

（3）利息支付率

利息支付率是向债权人支付的利息占负债平均余额的百分比，利息支付率计算公式如下：

利息支付率＝利息支付额/负债平均余额。

（4）流动比率

流动比率是流动资产与流动负债的比值，用于揭示流动资产对流动负债的保障程度，是最常用的衡量企业短期偿债能力的指标。该指标率越大，表明企业的短期偿债能力越强，企业所面临的短期流动性风险越小，债权人安全程度越高。但该指标为适度指标，保持在180％－220％比较合理。流动比率计算公式为：

流动比率＝流动资产/流动负债。

（5）速动比率

速动比率用于评价企业的短期偿债能力，反映企业应对每一元的流动负债有多少速动资产作为保障，速动资产指的是企业的流动资产扣除存货等流动性较差的资产后剩余的流动性比较强的资产，可以随时变现用于偿还企业的负债。一般而言，速动比率越高，企业偿还借款的能力就越强，债权人在公司的投资越有保障。该指标同样为适度指标，保持在80％－120％比较合理。速动比率计算公式为：

速动比率＝（流动资产－存货）/流动负债。

3）基于政府的评价指标

（1）资产税费率

资产税费率用来衡量企业对政府的税收贡献程度，该比率越高，说明公司通过税收方式对政府做出的贡献程度越大。资产税费率计算公式为：

资产税费率＝支付各种税费/总资产。

（2）税费净额

税费净额同样反映了企业对国家相关税收法律法规的遵守情况，及企业在自身能力范围内能为政府税收所尽的责任。税费净额计算公式为：

税费净额＝支付各种税费－税费返还。

（3）主营业务税金及附加

主营业务税金及附加是指经营主营业务而应由主营业务负担的税金及附加，包括营业税、消费税、城市维护建设税、资源税、土地增值税和教育费附加等，体现了企业的纳税能力。

（4）主营业务税金及附加率

主营业务税金及附加率为主营业务税金及附加与主营业务收入的百分比，体现了每单位主营业务收入的税收贡献。主营业务税金及附加率计算公式为：

主营业务税金及附加率＝主营业务税金及附加/主营业务收入。

（5）就业贡献率

该指标反映企业运用全部净资产为社会公众提供就业的能力。该比率越高，说明企业为社会提供的就业能力越强，反之说明企业为社会提供的就业能力越弱。就业贡献率计算公式为：

就业贡献率＝支付给职工及为职工支付的现金/平均净资产。

（6）支付的各项税费

支付的各项税费为各项税费合计，同样反映了企业对国家相关税收法律法规的遵守情况，及企业在自身能力范围内能为政府税收所尽的责任。

4）基于员工的评价指标

（1）支付给职工以及为职工支付的现金

支付给职工以及为职工支付的现金反映了员工的薪酬水平和企业对其内部员工的保障程度，反映了企业体现在员工方面的社会贡献。

（2）员工获利水平

员工获利水平为支付给职工及为职工支付的现金与主营业务收入的百分比，体现了单位主营业务收入的员工收益。员工获利水平计算公式为：

员工获利水平＝支付给职工及为职工支付的现金/主营业务收入。

5）基于供应商的评价指标

(1) 应付账款周转率

应付账款周转率反映了企业占用供应商账款的时间长短，该指标越高，表明公司支付供应商货款的时间就越短，占用其资金的程度越低，间接反映了企业对供应商利益的保障程度。应付账款周转率计算公式为：

应付账款周转率 = 主营业务成本/平均应付账款

(2) 现金与应付账款比率

现金与应付账款比率反映了企业现金偿还应付账款的能力，该指标越高，供应商收回货款的可能性越大，企业对供应商利益的保障程度越高。现金与应付账款比率计算公式为：

现金与应付账款比率 = 现金/应付账款

6）基于消费者的评价指标

企业社会绩效评价中体现消费者利益的指标有很多，比如产品价格、产品质量、服务质量等等，但考虑到这些直接考察消费者利益的指标数据获取难度较大，一般实证研究均采用主营业务成本率、销售额增长率等指标间接反映企业与消费者之间的利益关系。

(1) 主营业务成本率

主营业务成本率体现为企业制定价格时对消费者的让利程度，主营业务成本率就越高，主营业务毛利率就越低，让利就越多。主营业务成本率计算公式为：

主营业务成本率 = 主营业务成本/主营业务收入。

(2) 销售额增长率

销售额增长率间接反映了企业为消费者提供的产品和服务的质量情况，企业为消费者提供产品及服务的质量越好，吸引的消费者越多，销售额增长率也就越高。销售额增长率计算公式为：

销售额增长率 = （本年主营业务收入 - 上年主营业务收入）/上年主营业务收入。

7）基于公益的评价指标

(1) 捐赠支出额

捐赠支出额是绝对指标，反映企业为公益事业所做的贡献，该指标越高，反映企业所做的程度越多。捐赠支出额计算公式为：

捐赠支出额 = 捐赠支出合计。

(2) 捐赠支出率

捐赠支出率反映了企业为社区建设、希望工程和灾区人群发生的慈善与公益捐款与企业收入的比值,体现了企业对社会公益事业的贡献。捐赠支出率计算公式为:

捐赠支出率 = 捐赠支出额/主营业务收入。

8)基于环境的评价指标

(1)单位能耗

单位产量或单位产值所消耗的各种能源量之和。

(2)环保费用或投资

环保费用或投资包括企业在购进和维护环保设施方面的费用、治理污染和绿化环境方面的支出以及在环境管理与科技方面的投入。

(3)企业社会责任报告披露

是否发布企业社会责任报告,或者在公司年报中披露企业社会责任信息。

5.2.2 指标体系构建

参考加拿大的学者 Clarkson(1995)考察企业社会绩效的 RDAP 模式,对国内外企业社会绩效评价采用的指标进行分析与归纳。国内外现有文献中评价企业社会绩效的指标体系涉及的利益相关者主要涵盖股东、债权人、政府、员工、供应商、消费者、社会公益以及环境等八个方面(如表 5-1 所示),其中考虑最多的利益相关者主要是股东、债权人、政府、员工、供应商、消费者。公益变量和环境变量涉及不多的原因在于数据难以获取,尤其是环境变量。

表 5-1　　企业社会绩效评价指标涉及的利益相关者

评价方法或文献	企业社会绩效评价指标涉及的利益相关者
RDAP 模式	企业、员工、股东、顾客、供应商、公众利益相关者
KLD 指数	社区、员工、环境、产品特征、如何对待妇女和少数民族
Fortune 声望指数	财政制度的健全程度、长期投资价值、企业资产的广泛使用、管理质量、创新、产品和服务质量、社区和环境责任以及人才吸引、培养与利用
法国 ARESE 指数	社区与市民社会、公司治理结构、客户与供应商、卫生安全环境以及人力资源

续表

评价方法或文献	企业社会绩效评价指标涉及的利益相关者
韩国 KEJI 指数	健全性、公正性、社会服务贡献度、消费者保护满足度、环境保护满足度、员工满意度、经济发展贡献度
Mercer（2003）	股东、员工、供应商、消费者、社会、竞争者
张旭（2010）	股东、债权人、政府、员工、供应商、消费者
吴蜀皖（2010）	股东、债权人、政府、员工、供应商、消费者
刘录敬和陈晓明（2010）	股东、政府、员工、消费者、环境
杨自业和尹开国（2009）	员工、消费者、公益、环境
温素彬和方苑（2008）	股东、债权人、政府、员工、供应商、公益、环境
陈玉清和马丽丽（2005）	股东、债权人、政府、员工、公益
沈洪涛（2005）	股东、债权人、政府、员工、供应商、消费者

资料来源：作者整理

现有文献主要从单位能耗（刘录敬和陈晓明，2010）、环保费用或投资（温素彬和方苑，2008）以及企业社会责任报告披露等指标对企业社会绩效研究中的环境变量进行定量考察。通过对财务报表附注和公司年报的排查发现：单位能耗方面，在 2007－2011 时间段能获取单位能耗指标的样本公司平均 260 个左右，而且大都集中在制造业、电煤水的生产和供应业等少数行业；企业社会责任报告方面，2011 年披露了企业社会责任报告的上市公司不到 400 家、2010 年披露了企业社会责任报告的上市公司不到 400 家、2009 年同样不到 300 家、2008 年不到 100 家，而 2008 年之前几乎没有公司进行企业社会责任报告的披露；环保投资或费用方面，对环保投资或费用方面进行披露的公司更少。实证研究也证实样本量的不足，两篇运用定量指标评价企业社会绩效的环境变量的文献中，刘录敬和陈晓明（2010）选取单位能耗指标代理环境变量收集到 257 家样本公司，温素彬和方苑（2008）选取环境治理费用代理环境变量仅收集到 46 家样本公司的数据。而本文的研究是基于 900 多家上市公司近五年的数据展开的，权衡之下舍弃环境指标。因此在确保可获取数据的样本量充足的前提下，根据上述对我国企业社会绩效影响因素及评价指标的分析，参考国内已有文献中所涉及的各类指标，按照科学性、全面性、系统性、可比性、可操作性等原则设计了涵盖股东、债权人、政府、员工、供应商、消费者、社会公益七个方面共计 23 个指标的指标体系（如表 5－2 所示）。

表 5-2 企业社会绩效评价指标体系

一级指标	二级指标	三级指标	变量含义
企业社会绩效	股东	资本保值增值率	期末股东权益/期初股东权益
		股利支付额	分配股利或利润所支付的现金
		股利支付率	股利支付额/净利润
		每股收益	利润/总股本
	债权人	现金流量利息保障倍数	经营现金流量净额/利息支付额
		利息支付额	财务费用-汇兑损失
		利息支付率	利息支付额/负债平均余额
		流动比率	流动资产/流动负债
		速动比率	(流动资产-存货)/流动负债
	政府	资产税费率	支付各种税费/总资产
		税费净额	支付各种税费-税费返还
		营业税金及附加	主营业务税金及附加
		营业税金及附加率	主营业务税金及附加/主营业务收入
		就业贡献率	支付给职工及为职工支付的现金/平均净资产
		支付的各项税费	支付的各项税费合计
	员工	员工获利水平	支付给职工及为职工支付的现金/主营业务收入
		支付给职工以及为职工支付的现金	支付给职工以及为职工支付的现金
	供应商	应付账款周转率	主营业务成本+期末存货-期初存货/平均应付账款
		现金与应付账款比率	现金/应付账款
	消费者	主营业务成本率	主营业务成本/主营业务收入
		销售额增长率	(本年主营业务收入-上年主营业务收入)/上年主营业务收入
	公益	捐赠支出额	捐赠支出合计
		捐赠支出率	捐赠支出额/主营业务收入

资料来源：作者自制

5.3 我国企业社会绩效因子分析模型构建

5.3.1 数据标准化处理

我国企业社会绩效评价的样本是深沪两市 A 股共 904 家上市公司，评价的时间区间是 2007—2011 年，共得到 904 家上市公司 23 个评价指标五年的数据。因子分析之前先对样本数据进行标准化处理，我国企业社会绩效评价指标包含 21 个正向指标和 2 个适度指标，正向指标是指该指标越大越好，适度指标指该指标存在一个合理区间，指标值落在这个区间为佳。因此首先要对两个适度指标（包括流动比率和速动比率）进行正向化处理，实践中一般将流动比率和速动比率的适度值分别确定为 180%—220% 和 80%—120%，并根据下面的正向化变换公式进行处理：

$$y_{ij} = \begin{cases} 1 - \dfrac{L_{1j} - x_{ij}}{Max(L_{1j} - x_{Min(j)}, x_{Max(j)} - L_{2j})}, x_{ij} < L_{1j} \\ 1, L_{1j} \leq x_{ij} \leq L_{2j} \\ 1 - \dfrac{x_{ij} - L_{2j}}{Max(L_{1j} - x_{Min(j)}, x_{Max(j)} - L_{2j})}, x_{ij} > L_{2j} \end{cases} \quad (5-1)$$

上式中，$X_{Max}(j) = Max\{x_{ij}\}, X_{Min}(j) = Min\{x_{ij}\}$；$[L_{1j}, L_{2j}]$ 为适度指标的适度区间，其 x_{ij} 为第 i 个公式的第 j 个指标值，$i = 1,2,\cdots n; j = 1, 2, \cdots p$。

然后进一步对所有数据进行标准化处理，一般采用 z - score 标准化公式：

$$Z_{ij} = \frac{x_{ij} - \overline{x_j}}{s_j} \quad (5-2)$$

式中，$\overline{x_j} = \dfrac{1}{n}\sum_{i=1}^{n} x_{ij}, s_j^2 = \dfrac{1}{n}\sum_{i=1}^{n}(x_{ij} - \overline{x_j})^2$

5.3.2 适用性分析

企业社会绩效评价的原始数据对于因子分析的适用性可以参考多个检验指标，本文选择相关系数、KMO 测度值和 Bartlett 球度检验三种常见的指标。由相关系数检验可知，原始数据相关矩阵的绝大部分相关系数都在 0.4 之上，适合做因子分析（相关系数矩阵略）。而且相当一部分相关系数比较大，比如支付的各项税费和分配股利的相关系数达到 0.861；税费净额和营业税金及附加的相关系数达到 0.937；支付给职工以及为职工支付的现金和分配股利的相关系数达到 0.853；等等。这说明我国企业社会绩效各评价指标之间存在较大的相关性，各指标所载信息有一定的重叠，因此利用因子分析模型寻找互不相关的公因子非常必要。

进行 KMO 测度值检验发现原始数据 KMO 值仅为 0.47，不适合因子分析。因此删除 MSA 值相对较小的指标，比如现金流量利息保障倍数（MSA 值为 0.60）、资产税费率（MSA 值为 0.75）、股利支付额（MSA 值为 1.07），剔除后最终确定 13 个指标进行因子分析。对调整的数据矩阵再次进行 KMO 测度值检验，达到 0.671，大于 0.6。同时由 Bartlett 球度检验可知，调整后的数据矩阵的 Bartlett 球形检验的卡方近似值为 605.683，自由度为 81，显著性水平为 0.000，小于 0.001（如表 5-3 所示）。因此调整后数据对因子分析具有较强的适用性。

表 5-3　　　　　　适用性检验 KMO 和 Bartlett 测度值

检验指标		检验值
KMO 测度值		671
Bartlett 球度检验值	Approx. Chi-Square	605.683
	df	81
	Sig.	0.000

5.3.3　因子提取与命名

因子提取采用主成分分析法，影响因子的选取按照特征值大于 1 的原则，并采用方差最大正交旋转法将因子载荷矩阵旋转，输出总方差解释表（如表 5-4 所示）。由输出结果可知特征值大于 1 的因子有 7 个，累计贡献率达 84.138%，作为综合因子损失只有 15.862%。根据主成分选取原则，取前 7 个公因子代替原来的指标是完全合理的。

表 5-4　　　　　　　　　　　总方差解释表

主成分	初始特征值			因子			旋转后之因子		
	特征值	方差贡献率	累计方差贡献率	特征值	方差贡献率	累计方差贡献率	特征值	方差贡献率	累计方差贡献率
1	2.942	22.603	22.603	2.942	22.603	22.603	2.914	22.375	22.375
2	2.453	19.013	41.616	2.453	19.013	41.616	2.421	18.378	40.753
3	1.392	11.106	52.722	1.392	11.106	52.722	1.403	10.616	51.369
4	1.231	9.515	62.237	1.231	9.515	62.237	1.281	9.756	61.225
5	1.112	8.124	70.361	1.112	8.124	70.361	1.108	8.024	69.149
6	0.927	7.298	77.695	0.927	7.298	77.695	1.053	7.582	76.731
7	0.891	6.479	84.138	0.891	6.479	84.138	1.000	7.407	84.138

由输出的旋转后因子载荷表（如表 5-5 所示）中各因子在指标上的载荷系数可看出，税费净额、营业税金及附加、支付的各项税费三个指标在公因子 1 上的荷载最大，且这三个指标均代表了企业对政府的贡献，故将公因子 1 命名为政府因子，该因子对企业社会绩效的贡献最大，达到 22.375%。以此类推，公因子 2 包含利息支付率、流动比率、速动比率，体现对债权人的贡献，命名为债权人因子；公因子 3 包含资本保值增值率和每股收益，体现了对股东的贡献，命名为股东因子；公因子 4 包含应付账款周转率和现金与应付账款比率，体现了对供应商的贡献，命名为供应商因子；公因子 5 包含员工获利水平，体现了对员工的贡献，命名为员工因子；公因子 6 包含捐赠支出率，体现了对社会公益的贡献，命名为公益因子；公因子 7 包含销售额增长率，体现了对消费者的贡献，命名为消费者因子。

表 5-5　　　　　　　　　旋转后因子载荷表

载荷 指标	主成分						
	1	2	3	4	5	6	7
资本保值增值率	-0.002	-0.021	0.83	0.029	0.020	-0.081	0.019
每股收益	0.039	0.133	0.822	-0.051	-0.087	0.092	0.051
利息支付率	-0.018	0.758	-0.174	0.071	-0.020	0.058	-0.019
流动比率	0.0000	0.937	-0.030	0.134	0.015	0.042	-0.002

续表

载荷\指标	主成分						
	1	2	3	4	5	6	7
速动比率	-0.028	0.941	-0.032	0.111	0.049	0.027	-0.017
税费净额	0.989	-0.008	0.023	0.000	-0.017	-0.004	0.000
主营业务税金及附加	0.976	-0.001	0.000	0.002	-0.003	-0.001	0.000
支付的各项税费	0.985	-0.007	0.031	0.000	-0.022	-0.003	0.001
员工获利水平	-0.028	0.059	-0.058	-0.019	0.969	0.035	-0.042
应付账款周转率	-0.002	0.009	-0.023	0.803	-0.203	0.004	-0.029
现金与应付账款比率	0.001	0.117	0.018	0.792	0.146	0.010	0.041
销售额增长率	-0.002	-0.001	0.077	0.010	-0.044	-0.001	0.987
捐赠支出率	-0.006	0.000	0.020	0.012	0.039	0.989	-0.003

5.3.4 因子分析结果计算

根据因子载荷及方差解释表（如表5-6所示）进行企业社会绩效评价结果的计算，首先采用回归分析法估计七个公因子的得分系数分别记为 F_1、F_2、F_3、F_4、F_5、F_6、F_7，然后根据旋转后因子的方差贡献率计算企业社会绩效得分，记为 CSP。

$$CSP = \frac{22.375\% F_1 + 18.378\% F_2 + \cdots + 7.582\% F_6 + 7.407\% F_7}{84.138\%}$$

$$(5-3)$$

表5-6 因子载荷及方差解释表

因子名称	指标	因子载荷	特征值	方差贡献率（%）	累计方差贡献率（%）
政府	税费净额	0.989	2.914	22.375	22.375
	营业税金及附加	0.976			
	支付的各项税费	0.985			
债权人	利息支付率	0.758	2.421	18.378	40.753
	流动比率	0.937			
	速动比率	0.941			

续表

因子名称	指标	因子载荷	特征值	方差贡献率（%）	累计方差贡献率（%）
股东	资本保值增值率	0.830	1.403	10.616	51.369
	每股收益	0.822			
供应商	应付账款周转率	0.803	1.281	9.756	61.225
	现金与应付账款比率	0.792			
员工	员工获利水平	0.969	1.108	8.024	69.149
公益	捐赠支出率	0.989	1.053	7.582	76.731
消费者	销售额增长率	0.987	1.000	7.407	84.138

5.4 我国企业社会绩效评价结果分析

5.4.1 总体描述性统计

根据以上评价过程，得到我国深沪两市 A 股共 904 家上市公司 2007—2011 年的企业社会绩效评价结果。由描述性统计结果可知（如表 5-7 所示），企业社会绩效最好的公司分别是 2007 年的中山公用科技股份有限公司，绩效为 3.275；2008—2011 年的中国石油化工股份有限公司，绩效为 4.536、7.628、8.134 和 8.647。而中国石油化工股份有限公司在企业社会绩效方面名列前茅的原因很大程度上源于其基于政府的企业社会绩效得分远远超出其他公司，2008-2011 年的得分分别高达 10.449、16.498、18.186 和 19.978。企业社会绩效最差的公司分别是 2007 年的长春百货大楼集团股份有限公司，绩效为 -0.524；2008 年的青岛澳柯玛股份有限公司，绩效为 -0.573；2009 年的江西鑫新实业股份有限公司，绩效为 -0.607；2010 年的山西关铝股份有限公司，绩效为 -0.659；2011 年的山西关铝实业股份有限公司，绩效为 -0.653。

表 5-7　　　　　　　　我国企业社会绩效描述性统计

年份	均值	最大值	最小值	标准偏差
2007	0.012	3.275	-0.524	0.386
2008	-0.037	4.536	-0.573	0.401

续表

年份	均值	最大值	最小值	标准偏差
2009	-0.015	7.628	-0.607	0.466
2010	0.019	8.134	-0.659	0.522
2011	0.021	8.647	-0.653	0.492

总体来看，2007-2011 年间我国上市公司的企业社会绩效呈微弱的上升趋势，2007 年、2010 年以及 2011 年的绩效均高于平均水平（如图 5-1 所示）。

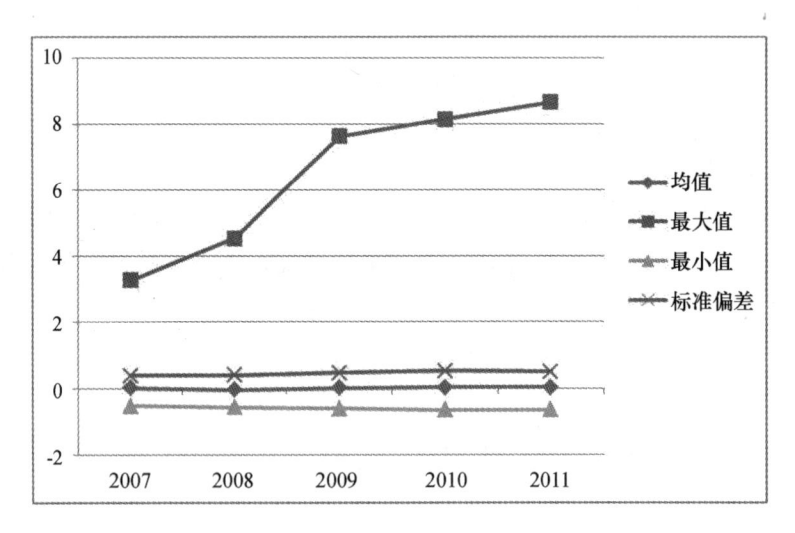

图 5-1 我国企业社会绩效趋势图

5.4.2 企业社会绩效控股类型分布

按实际控股人类型来看，国有控股公司的企业社会绩效最高，达到 0.511；外资控股公司的企业社会绩效也略高于平均水平，为 0.068；而民营控股公司的企业社会绩效最差，且低于平均水平，为 -0.068（如表 5-8 所示）。

表 5-8　　　　　　　　按控股类型的企业社会绩效

年份 控股类型	平均 CSP	2007	2008	2009	2010	2011
国有控股	0.511	1.113	-0.907	-0.428	1.156	1.621
民营控股	-0.071	0.101	-1.029	-0.042	0.311	0.304
外资控股	0.041	0.053	-0.046	0.046	0.056	0.096

国有控股公司的企业社会绩效总体上良好，但表现出了较大的波动性，在2007年为1.113、2008年为-0.907、2009年为-0.428、2010年为1.156、2011年为1.621。但民营控股公司和外资控股公司的企业社会绩效虽然低于国有控股公司，但起伏较小。尤其是外资控股公司，一直维持在平均水平，体现了经营的稳定性（如图5-2所示）。

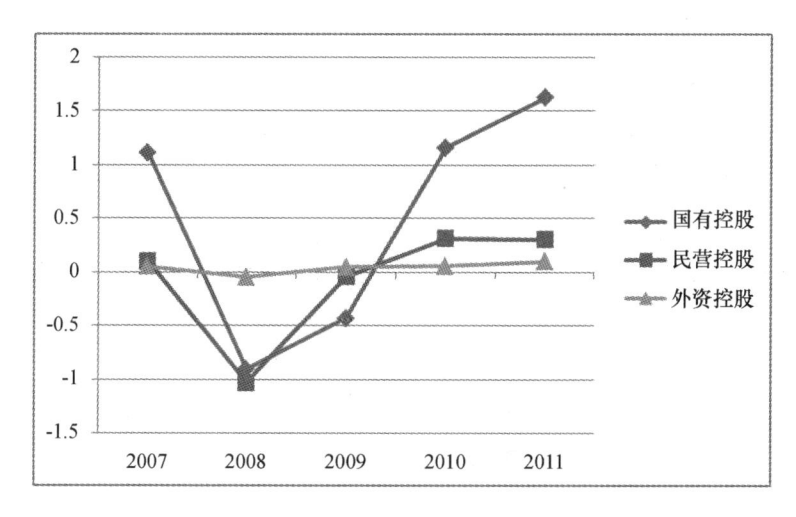

图 5-2　我国企业社会绩效控股类型分布图

5.4.3　企业社会绩效行业分布

1）按证监会行业分类

按证监会行业分类来看（如表5-9所示），除金融保险行业之外的12个行业中，采掘业、交通运输仓储业、社会服务业、房地产业、信息技术业、传播与文化产业6个行业的企业社会绩效超过平均水平，而包括制造业、综合类、批发和零售贸易、建筑业以及农、林、牧、渔业等在内的 6 个行业位于评价水平之下。

表 5 - 9　　　　　　　　按行业的企业社会绩效

行业 \ 年份	平均 CSP	2007	2008	2009	2010	2011
采掘业	0.219	0.101	0.115	0.147	0.339	0.391
交通运输、仓储业	0.108	0.113	0.078	0.088	0.105	0.156
社会服务业	0.061	0.086	-0.056	0.057	0.125	0.091
房地产	0.038	0.036	0.023	-0.087	0.124	0.093
信息技术业	0.029	0.044	-0.035	0.021	0.061	0.054
传播与文化产业	0.026	0.084	-0.018	-0.042	0.031	0.074
制造业	-0.038	-0.042	-0.068	0.002	-0.043	-0.039
综合类	-0.050	-0.124	-0.092	0.073	-0.098	-0.01
建筑业	-0.090	-0.089	-0.164	-0.143	-0.015	-0.041
电力、煤气及水	-0.095	-0.104	-0.124	-0.098	-0.102	-0.049
批发和零售贸易	-0.096	-0.123	-0.138	-0.156	-0.053	-0.012
农、林、牧、渔业	-0.110	-0.071	-0.113	-0.144	-0.118	-0.103

总体来看（如图 5 - 3 所示），12 个行业中采掘业的企业社会绩效最高，平均达到 0.219，远高于第二名的交通运输、仓储业，同时五年来表现出逐年增加的趋势。而其他行业的企业社会绩效较为稳定。各行业中绩效最差的行业为农、林、牧、渔业。

2）按本文界定的行业分类

按本文的行业分类来看（如表 5 - 10 所示），涉及商业、房地产等第三产业的第二组以及涉及制造业的第三组的企业社会绩效低于各行业的平均水平，分别为 -0.042、-0.044；而涉及原材料、基础设施、水电煤气等国家保护性较多的行业的第一组和涉及采掘业、建筑业、信息技术业、社会服务业、传播与文化产业等行业的第四组，企业社会绩效较高，分别为 0.022 和 0.006。

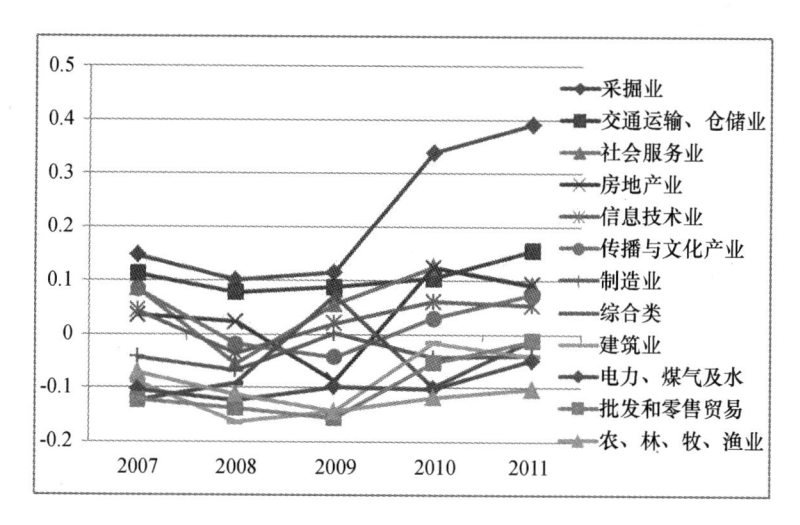

图 5-3 我国企业社会绩效行业分布图

表 5-10　　　　　　　　　按行业的企业社会绩效

行业 \ 年份	平均 CSP	2007	2008	2009	2010	2011
行业一	0.022	-0.012	0.009	0.119	0.171	0.062
行业二	-0.042	-0.068	0.002	-0.043	-0.039	-0.038
行业三	-0.044	-0.058	-0.122	0.036	0.041	-0.029
行业四	0.006	-0.057	-0.013	0.013	0.032	-0.004

总体来看（如图 5-4 所示），四组行业中，涉及原材料、基础设施、水电煤气等国家保护性较多的行业的第一组的企业社会绩效最高，且远高于其他三组。而涉及商业、房地产等第三产业的第二组以及涉及制造业的第三组，企业社会绩效最差，低于平均水平。第四组则位于平均水平上下。

5.5　本章小结

本章主要对我国上市公司的企业社会绩效进行了界定与计量。首先基于利益相关者理论对我国企业社会绩效进行了界定，并选取了合适的评价

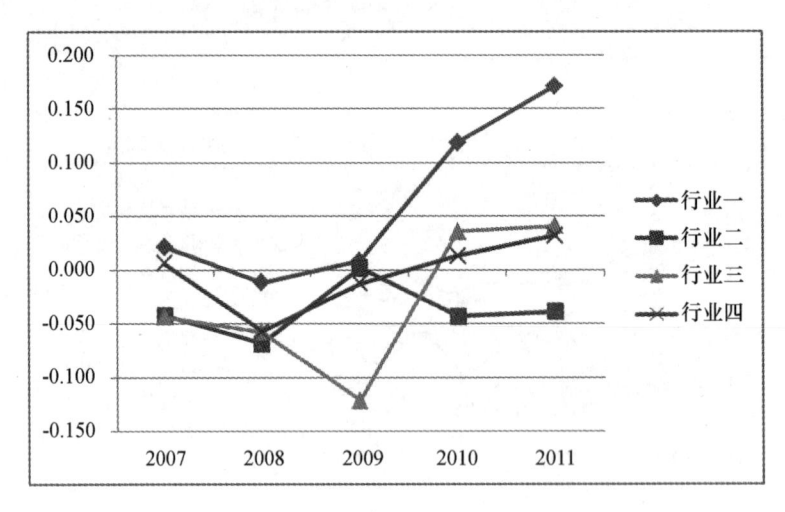

图 5-4 我国企业社会绩效行业分布图

方法。其次根据企业社会绩效的内涵与影响因素构建了涵盖股东、债权人、政府、员工、供应商、消费者、社会公益七个方面共计 23 个指标的指标体系。然后利用因子分析法，基于我国深沪两市 A 股共 904 家上市公司的数据，对我国上市公司的企业社会绩效进行了综合评价。最后对我国企业社会绩效进行了总体的、按控股类型的以及按行业的分析与讨论。

6 基于企业社会绩效的机构投资者持股偏好分析

6.1 持股偏好理论分析与研究设计

6.1.1 持股偏好理论分析

大量研究结论（Mahoney and Roberts, 2007; Cox et al., 2008; et al.）表明由于投资时或要规避社会绩效差的公司存在的风险，或要宣扬投资组合中反映的社会议题（Coffey and Fryxell, 1991），企业社会绩效不可避免的影响着机构投资者投资决策的制定。机构投资者在秉承经济原则制定投资决策的同时，越来越多的考虑到社会因素。学术界将上述影响的各种研究成果归纳为两个针锋相对的理论假说：即"短视投资者"（myopic investors）假说（Graves and Waddock, 1994）和"超级投资者"（superior investors）假说（Mahoney and Roberts, 2007）。

"短视投资者"假说认为机构投资者比个人投资者表现得更短视（Hansen and Hill, 1991），机构投资者面临内外两种压力使其对社会绩效的重视程度减弱，而更关注短期回报。

内在压力体现在确定持股策略时过多的考虑企业社会绩效势必削弱投资组合的多样化，而在预期收益一定的条件下，多样化不足会引起更大的投资风险，导致"关注社会绩效的投资者面临的风险要高于其他投资者"（Michelson et al., 2004）。并且收集、消化和利用社会绩效相关的信息需要花费一定的成本，这会额外增加机构投资者的交易成本和管理费用（Wahba, 2008）。外在压力表现在由于机构管理者必须完成相关任务，并根据每年甚至每季的绩效进行考核、付酬（Cox et al., 2004），会使其基于短期目标制定相应的投资决策。作为回应，公司高管也不会考虑长期目标进行管理或者不会充分考虑各种不同利益相关者，例如社区、雇员、环境、妇女和少数民族（Johnson and Greening，1999）。而注重企业社会绩效的投资一般是倾向长期的（Graves and Waddock，1994），因此在企业社会绩效上投资越多的企业将越不能吸引机构投资者。Coffey 和 Fryxell（1991）通过实证检验也发现机构投资者持股比例与公司慈善捐助占税前利润的比例没有相关性，甚至与苏利文原则的履行负相关。

但大部分研究倾向于"超级投资者"假说，即认为机构投资者在持股过程中存在关注企业社会绩效的前提、能力和动机。首先，由于持股量较大且集中，机构投资者"用脚投票"会带来流动性损失，无法做到悄无声息的抛售（Pound，1988）；同时由于他们已经做了最好的投资组合并拥有了重要公司的大量股权，发现新的能带来较好收益投资项目并不容易。潜在的价值损失以及发现新投资机会的不易使其不得不成为企业社会绩效的长期投资者（Mahoney and Roberts，2007）。其次，机构投资者持股前有能力获得相关的企业社会绩效信息以制定最优的持股策略，并在制定持股策略的同时逐渐形成一定的在信息收集方面的优势，这种优势有利于公司对外部环境的判断（Black，1992）。这种社会绩效方面的分析与判断能力有助于机构投资者在持股过程中更加注重长期收益，而不是为了从短期的价格波动中获益（Kochhar and David，1995）。另外，机构投资者投资时会慎重考察企业社会绩效以作为减少潜在风险的方法（Wahba，2008）。良好的社会绩效对风险的降低有积极的影响，Spicer（1978）发现有良好污染控制记录的公司拥有更好的盈利能力和更低的系统风险；White（1996）利用环境声誉（CEP's）指数衡量环境责任，并发现投资环境声誉在平均水平之上的公司能得到更多风险调整回报。因此投资有可靠社会绩效的公司，就意味着更少的潜在风险和债务（Mallin，1999）。

6.1.2 持股偏好研究设计

1）持股偏好研究假设

（1）持股偏好研究假设一

在"超常规发展机构投资者"的政策背景下，我国机构投资者已经在量变的积累中逐渐成为资本市场的重要力量。机构投资者实力的增强也能有效促进上市公司不断规范信息披露程序，确保信息披露的客观有效性，这将大大减少机构投资者的信息成本，使其在制定投资策略时有条件关注企业社会绩效信息。而持股比例的增加也使得"用脚投票"的成本越来越高，机构投资者不得不逐渐增加持股期限，开始关注企业社会绩效，良好的企业社会绩效有助于与社会、政府、公众等利益相关者建立和谐的关系（刘录敬和陈晓明，2010），吸引更多投资、客户、员工等资源（Neubaum and Zahra，2006），增强公司的持续竞争力，从而提高公司的长期经济绩效（张旭等，2010）。另外，关系投资、价值投资、企业社会责任投资等新型投资形式的兴起使短期业绩不再是机构投资者关注的唯一焦点，他们会采取诸如指数化投资的长期投资工具，而在长期持股的前提下提高企业社会绩效就成为了公司可持续发展、获得竞争优势的重要路径（Neubaum and Zahra，2006）。因此，在证券市场竞争日趋激烈、经营环境瞬息万变的背景下，借助各种新型投资理念与工具，企业社会绩效在我国机构投资者持股决策的制定过程中扮演了越来越重要的角色。

综上，基于我国证券市场提出研究假设如下：

H11：企业社会绩效与机构投资者整体持股正相关。

（2）持股偏好研究假设二

由于不同类型的机构投资者拥有不同的资金来源（Xia，2005）、客户（Monks and Minnow，1995）、约束（Black，1992）、目标（Roe，1990）和偏好，在经营环境、资金规模、投资策略等方面存在较大的差异。比如"潜在积极"机构投资者和"潜在消极"机构投资者在监控成本上存在差异（Almazan et al.，2005）；稳健机构投资者、适度机构投资者和激进机构投资者的风险偏好程度也不同（Munk et al.，2004）；压力抵制型、压力敏感型以及压力中性型机构投资者在与持股公司的业务关系上存在差异（Cornett et al.，2007）等等。然而上述分类并不能完全体现机构投资者的异质性，同属压力抵制型机构投资者，养老基金和共同基金与企业社会绩效的关系存在较大差异（Johnson and Greening，1999），而养老基金的不同成分对企业社会绩效的影响也显著不同（Cox et al.，2008）。因此，直接按照机构投资者主体的基本组织形式的分类能更有效的体现各机构投资者的异质性。同时由于国内外资本市场的不同，照搬国外的分类方法也难以真实反映我国机构投资者的差异，根据机构主体的不同直接区分机构投资者更加合理。本文研究的基金、QFII、券商、保险公司、社保基金和信托公司这六类机构投资者在资金规模、投资实力、人员配备等各方面均存在较大差异，需分别检验他们对企业社会绩效的持股偏好。

综上，基于我国证券市场提出研究假设如下：

H21：企业社会绩效与基金持股正相关；

H22：企业社会绩效与 QFII 持股正相关；

H23：企业社会绩效与券商持股正相关；

H24：企业社会绩效与保险公司持股正相关；

H25：企业社会绩效与社保基金持股正相关；

H26：企业社会绩效与信托公司持股正相关。

(3) 持股偏好研究假设三

另外，企业社会绩效涉及到各利益相关者的不同利益，公司必须迎合不同利益相关者不一样的期望和不一致的目标（Kassinis and Vafeas, 2002）。通过满足不同利益相关者的期望，有助于公司培育和支撑可持续发展的能力，比如良好的雇员关系能带来长期的竞争优势（Cox et al., 2004）。涉及到的利益相关者不同，企业社会绩效的表现也会有差别，对机构投资者持股偏好产生的影响也不一样（Mahoney and Roberts, 2007; et al.）。就中国资本市场而言，利益相关者的分类研究尚没有统一定论，比较有代表性的是三分类法，即分为核心利益相关者、蛰伏利益相关者和边缘利益相关者（陈宏辉和贾生华，2004）。其中核心利益相关者（股东、员工等）与公司具有紧密的利害联系，涉及到它的企业社会绩效和公司运营必然存在直接联系，因此基于核心利益相关者的企业社会绩效可称为直接社会绩效（Direct CSP）；蛰伏利益相关者（债权人、供应商、消费者和政府等）与公司的联系也很紧密，但并非那么显性，涉及到它的企业社会绩效会受到公司经营状况的潜在影响，因此基于蛰伏利益相关者的企业社会绩效可称为潜在社会绩效（Potential CSP）；边缘利益相关者（公益、社区等）涉及的企业社会绩效往往只是受到公司运营状况间接的影响，因此基于边缘利益相关者的企业社会绩效可称为间接社会绩效（Indirect CSP）。

综上，基于我国证券市场提出研究假设如下：

H31：直接社会绩效与机构投资者持股正相关；

H32：潜在社会绩效与机构投资者持股正相关；

H33：间接社会绩效与机构投资者持股正相关。

2）持股偏好研究模型

（1）持股偏好研究模型一

为了分析企业社会绩效对机构投资者整体持股的影响，借鉴 Wahba（2008）等人的思路，构建模型 I 如下，以检验假设 H11，考察企业社会绩效与机构投资者整体持股的关系。

模型 I：

$$IIS\_share_{i,t} = \alpha + \beta_1 CSP_{i,t} + \beta_2 CFP_{i,t} + \beta_3 ICQ_{i,t} + \beta_4 Size_{i,t}$$
$$+ \beta_5 Lev_{i,t} + \sum \beta_{6,j} Type j_{i,t} + \sum \beta_{7,k} Indusk_{i,t} + \varepsilon_{i,t} \quad (6-1)$$

（2）持股偏好研究模型二

为了分析企业社会绩效对各类机构投资者持股的影响，构建模型 II 考察企业社会绩效与基金等各类机构投资者持股的相关性，以检验假设 H21、H22、H23、H24、H25、H26。

模型 II：

$$FC\_share_{i,t} = \alpha + \beta_1 CSP_{i,t} + \beta_2 CFP_{i,t} + \beta_3 ICQ_{i,t} + \beta_4 Size_{i,t}$$
$$+ \beta_5 Lev_{i,t} + \sum \beta_{6,j} Type j_{i,t} + \sum \beta_{7,k} Indusk_{i,t} + \varepsilon_{i,t} \quad (6-2)$$

企业社会绩效与 QFII、券商、保险公司、社保基金和信托公司持股的回归模型按模型 II 类推。

（3）持股偏好研究模型三

为了检验企业社会绩效不同维度对机构投资者持股的影响，构建线性模型 III，考察直接社会绩效、潜在社会绩效和间接社会绩效三个维度与机构投资者持股的关系，以检验假设 H31、H32、H33。

模型 III：

$$IIS\_share_{i,t} = \alpha + \beta_1 CSP\_dir_{i,t} + \beta_2 CSP\_pot_{i,t} + \beta_3 CSP\_ind_{i,t}$$
$$+ \beta_4 CFP_{i,t} + \beta_5 ICQ_{i,t} + \beta_6 Size_{i,t} + \beta_7 Lev_{i,t} + \sum \beta_{8,j} Type j_{i,t}$$
$$+ \sum \beta_{9,k} Indusk_{i,t} + \varepsilon_{i,t} \quad (6-3)$$

企业社会绩效三个维度与各类机构投资者（包括基金、QFII、券商、保险公司、社保基金和信托公司）持股的回归模型 III 类推。

（4）持股偏好研究模型变量定义

以上各模型中代码表示的研究变量及其含义如表 6-1 所示：

表6-1 研究变量定义

变量类型	变量名称	变量代码	变量含义
机构持股变量	机构投资者整体持股比例	IIS_share	全部机构投资者持股所占比例
	基金持股比例	FC_share	基金持股所占比例
	QFII持股比例	QFII_share	QFII持股所占比例
	券商持股比例	SC_share	券商持股所占比例
	保险公司持股比例	IC_share	保险公司持股所占比例
	社保基金持股比例	SSF_share	社保基金持股所占比例
	信托公司持股比例	TC_share	信托公司持股所占比例
企业社会绩效变量	企业社会绩效	CSP	企业社会绩效
	直接社会绩效	CSP_dir	直接社会绩效维度
	潜在社会绩效	CSP_pot	潜在社会绩效维度
	间接社会绩效	CSP_ind	间接社会绩效维度
控制变量	经济绩效	CFP	净资产收益率
	内部控制质量	ICQ	内部控制缺陷
	公司规模	Size	总资产的自然对数
	财务杠杆	Lev	资产负债率
	控股股东类别	$Type_j$	1表示实际控股人,0表示其他
	行业	$Indus_k$	1表示样本所属行业,0表示其他

6.2 企业社会绩效与机构投资者整体持股实证分析

6.2.1 回归分析

本文的研究方法选取的是面板数据模型,模型Ⅰ中Hausman检验拒绝原假设,即固定效应模型优于混合效应模型;F值检验也拒绝原假设,即固定效应模型优于随机效应模型,故应选择固定效应模型进行检验(其他模型检验结果相同,均选择固定效应模型)。另外,考虑到企业社会绩效对机构投资者持股的影响可能具有滞后性,本文对所有模型均按李维安(2008)等检验滞后效应的处理方法,对实验变量进行滞后处理,以考察企业社会绩效对机构投资者持股的影响可能存在的滞后性。

先对机构投资者整体的持股偏好进行检验,发现企业社会绩效与机构投资者整体持股比例显著正相关(如表 6-2 所示),假设 H11 成立,支持了 Neubaum(2006)等人的研究结论。用机构投资者持股比例变动(ΔIIS_ share)代替持股比例(IIS_ share),各系数的符号与显著性水平都没有明显的变化,说明机构投资者持股变动与企业社会绩效同样有着正向关系。由此发现在中国资本市场上企业社会绩效越来越受到机构投资者的关注,其持股时更为偏好企业社会绩效好的公司。

通过机构投资者持股变量滞后检验发现,CSP 从当期到滞后一、二期的系数分别是 5.370、4.253 和 4.014,逐期增加。这体现了企业社会绩效对机构投资决策影响的滞后效应,且这种滞后效应在三期明显减弱(系数仅为 3.781)。即除了当期的企业社会绩效外,机构投资者在进行持股选择时也会考虑前几期的社会绩效,且近两年的企业社会绩效对持股决策的影响较大。将机构投资者持股比例变动作为替代变量进行检验也发现 CSP 从当期到滞后一、二期的系数分别是 2.023、1.725 和 1.321,滞后性显著。说明机构投资者持股比例的增加受到近期企业社会绩效的促进,且影响程度也在三期明显减弱(系数仅为 1.108)。所以总体而言,我国机构投资者在投资过程中体现了基于企业社会绩效的道德偏好,即在设计投资策略的过程中会受到公司近两年企业社会绩效的影响。

表 6-2 企业社会绩效与机构投资者整体持股回归结果

变量	IIS_ share			ΔIIS_ share		
	当期	滞后一期	滞后两期	当期	滞后一期	滞后两期
C	-117.657*** (-27.286)	-111.489*** (-25.371)	-108.973*** (-22.303)	-44.573*** (-19.271)	-41.036*** (-18.946)	-39.942*** (-17.345)
CSP	5.370*** (4.437)			2.023*** (2.358)		
CSP (-1)		4.253*** (4.417)			1.725*** (1.438)	
CSP (-2)			4.014*** (4.278)			1.321*** (1.053)
CFP	32.475*** (17.357)	30.235*** (15.893)	29.104*** (14.341)	7.942*** (5.493)	6.289*** (5.576)	5.393*** (5.135)

续表

变量	IIS_ share			ΔIIS_ share		
	当期	滞后一期	滞后两期	当期	滞后一期	滞后两期
ICQ	-2.324*** (-1.974)	-2.211*** (-1.824)	-1.945** (-1.105)	-0.747* (-1.012)	-0.624 (-0.987)	-0.524** (-0.883)
$Size$	6.728*** (15.275)	6.288*** (15.772)	5.258*** (15.833)	1.284*** (10.368)	1.216*** (10.305)	1.322*** (12.483)
Lev	-5.828*** (-4.351)	-5.631*** (-4.302)	-5.053*** (-3.164)	-1.827* (-1.936)	-1.467 (-0.239)	-1.225*** (-6.328)
$Type_j$	控制	控制	控制	控制	控制	控制
$Indus_k$	控制	控制	控制	控制	控制	控制
$Ad. R^2$	0.273	0.266	0.218	0.137	0.154	0.146
F	95.684***	90.284***	81.748***	49.822***	47.624***	45.628***
N	4520	3616	2712	4520	3616	2712

注：表中数据为各自变量的回归系数，括号内的数值为 T 值（以下各表同）。

另外通过对控制变量的考察发现，除了社会绩效，公司经济绩效、内部控制质量、公司规模、财务杠杆、控股人类型以及行业变量对机构投资者持股水平都存在一定的影响。公司规模、经济绩效与机构投资者整体持股比例显著正相关，表明机构投资者更偏好投资那些规模大、经济绩效好的公司。内部控制质量、财务杠杆与持股比例显著负相关，说明机构投资者偏好内部控制缺陷少的公司，是典型的风险厌恶型投资者。控股股东不同的情况下，国有控股公司中，企业社会绩效对机构投资者持股偏好的影响更显著。而且企业社会绩效对机构投资者持股偏好的影响程度还存在显著的行业差异。

6.2.2 内生性分析

为了克服现有研究普遍存在的内生性问题以保证结论的可靠性，在对相应变量进行了滞后处理的基础上，本文借助两阶段最小二乘法（2SLS）考察模型的内生性。首先选择模型的工具变量，即与企业社会绩效显著相关同时外生于机构投资者持股的变量。体现企业短期偿债能力的流动比率（记为 IV）对机构投资者投资策略的影响很小（周勤业等，2003），理论上是合适的工具变量（毛磊等，2012）。实证分析也证实（如表6-3所示）了这种合理性，当放在同一个模型中进行回归时，企业社会绩效与机构投资者持股比例具有显著的相关性，流动比率与之不相关；而当机构持股与两者放在不同的模型中进行检验，都具有一定的相关性。由此可看出流动比率与机构投资者投资偏好之间的关系要借助企业社会绩效才得以体现。然后进行第一阶段的回归，发现了流动比率与企业社会绩效之间的正向关系，同时发现F统计量远大于经验切割点10，证实了工具变量的有效性（毛磊等，2012）。最后进入到第二阶段的回归，通过Hausman检验发现，原模型与两阶段最小二乘回归模型的估计量没有显著的差异，原模型的内生性问题得到了缓解，研究结果可靠。

表6-3　企业社会绩效与机构投资者整体持股内生性分析

变量	工具变量有效性检验			第一阶段	第二阶段
	IIS_share			CSP	IIS_share
C	-117.657***	-117.724***	-108.369***	-1.527***	-131.275***
	(-27.286)	(-24.383)	(-22.326)	(-9.659)	(-25.489)
CSP	5.370***		4.328***		3.769**
	(4.437)		(6.038)		(5.448)
IV1		0.659**	-0.604	0.267**	
		(1.926)	(-1.349)	(22.328)	
CFP	32.475***	21.368***	20.368***	0.694***	27.394***
	(17.357)	(15.103)	(14.389)	(6.653)	(15.589)
ICQ	-2.324***	-4.689***	-4.273***	-0.338***	-9.804***
	(-1.974)	(-4.103)	(-3.688)	(-5.358)	(-5.379)
Size	6.728***	8.169***	8.102***	0.137***	6.380***
	(15.275)	(16.389)	(16.930)	(11.382)	(18.042)
Lev	-5.828***	-8.572***	-7.832***	-0.331***	-9.964***
	(-4.351)	(-5.680)	(-5.934)	(-9.846)	(-5.246)
$Type_j$	控制	控制	控制	控制	控制
$Indus_k$	控制	控制	控制	控制	控制
Ad. R^2	0.273	0.202	0.201	0.298	0.211

续表

变量	工具变量有效性检验			第一阶段	第二阶段
	IIS_share			CSP	IIS_share
F	95.684***	61.271***	57.368***	153.093***	66.935***
N	4520	4520	4520	4520	4520
F统计量检验				102.266	
P值				0.000	
Hausman检验					2.378
P值					0.173

6.2.3 稳健性检验

为了进一步巩固上述结论的稳健性，本文借鉴财政部发布的"社会贡献率"指标来考察企业社会绩效，并检验其对机构投资者持股偏好的影响。社会贡献率的含义是指企业使用一单位资产为社会提供了多少贡献，即社会贡献率=企业社会贡献总额/平均资产总额，其中企业社会贡献总额包括工资（含奖金、津贴等工资性收入）、劳保退休统筹及其他社会福利支出、利息支出净额、应交增值税、应交产品销售税金及附加、应交所得税及其他税收、净利润等。由于资产总额是积累量，与其相比作为增加量的业务收入更能反应企业生产经营活动的社会最终成果；另外相比企业应该承担的社会贡献（权责发生制条件下），以实际现金流来体现的企业真实承担的社会贡献（收付实现制条件下）更准确的体现了企业已履行的社会责任（陈玉清和马丽丽，2005）。基于此对"社会贡献率"指标进行改进，即社会贡献率=（支付给员工以及为员工支付的现金+分配股利、利润或偿付利息支付的现金+税费净额+捐赠支出额）/主营业务收入，其含义是指企业每一元的收入会将其中的多少以现金的形式支付给政府、社会和员工等各利益相关者，更能体现企业对社会的真实贡献（王玲玲等，2012）。

采用"社会贡献率"代理企业社会绩效指标对模型 I 进行检验，检验结果（如表6-4所示）表明各检验模型的拟合优度均小于原回归模型，比如考察企业社会绩效与机构投资者整体持股比例的原回归模型的拟合优度分别为27.3%、26.6%和21.8%，而用"社会贡献率"作为代理变量后，各检验模型的拟合优度分别将为17.6%、15.6%和14.3%，考察企业社会绩效与机构投资者整体持股比例变动的检验模型的拟合优度也降低了10%以上，一定程度上证实了本文界定的企业社会绩效指标的科学性和合理性。另外，各检验模型的变量系数方向与显著性水平与原回归结果均没有发生明显变化。企业社会绩效与机构投资者整体持股比例（IIS_share）指标、持股比例变动（ΔIIS_share）指标分别在1%和10%的显著性水平下正相关，滞后一期和滞后两期的检验结果也发现了企业社会绩效影响机构投资者持股偏好的滞后效应，证实了上述结论的稳健性。即中国机构投资者的持股偏好受到企业社会绩效的显著影响，近两三年的社会绩效也会被纳入考量范围。

表6-4 企业社会绩效与机构投资者整体持股稳健性检验

变量	IIS_share			ΔIIS_share		
	当期	滞后一期	滞后两期	当期	滞后一期	滞后两期
C	-112.075*** (-25.542)	-110.577*** (-22.351)	-109.458*** (-19.542)	-44.722*** (-14.234)	-42.167*** (-13.737)	-39.583*** (-12.372)
CSP	21.824*** (10.262)			4.437* (2.267)		
CSP(-1)		16.275*** (9.567)			2.266* (1.382)	
CSP(-2)			15.722*** (9.735)			2.123** (1.267)
CFP	28.624*** (15.624)	29.943*** (16.073)	28.357*** (15.537)	16.378*** (9.563)	16.858*** (9.783)	16.685*** (8.621)
ICQ	-3.825*** (-5.456)	-3.626*** (-5.389)	-3.534*** (-5.255)	-1.452*** (-3.325)	-1.382*** (-3.213)	-1.121*** (-2.179)
Size	5.626*** (16.432)	5.452*** (16.235)	5.123*** (16.124)	3.145*** (14.321)	2.345*** (12.574)	2.434*** (11.473)
Lev	-10.426*** (-7.257)	-10.136*** (-7.034)	-9.432** (-6.567)	-3.578*** (-2.546)	-3.147** (-2.352)	-2.456** (-2.022)
$Type_j$	控制	控制	控制	控制	控制	控制
$Indus_k$	控制	控制	控制	控制	控制	控制
$Ad. R^2$	0.176	0.156	0.143	0.098	0.095	0.094
F	53.477***	50.426***	48.275***	31.644***	27.566***	23.436***
N	4520	3616	2712	4520	3616	2712

6.2.4 结果讨论

通过对企业社会绩效与机构投资者整体持股比例的实证分析发现，我国机构投资者整体偏好持股企业社会绩效良好的公司，而且这种偏好存在一定的滞后效应，近几年的企业社会绩效对机构投资者持股偏好都存在显著的积极影响，其中近两年的影响程度更大。因此我国机构投资者整体上体现了显著的道德偏好作用。

6.3 企业社会绩效与各类机构投资者持股实证分析

6.3.1 回归分析

对各类机构投资者的道德偏好进行分析，模型 II 的回归结果如表 6-5 所示，企业社会绩效仅与基金持股比例存在显著的正相关性，与其他机构投资者持股的相关系数都趋近于零，且不显著。而且只有企业社会绩效与基金持股回归模型的拟合优度达到 35%，其他模型的拟合优度都很小，仅介于 2% 到 4% 之间。究其原因，一方面信托公司、QFII 等机构投资者进入中国资本市场的时间较晚，使其持股比例偏小、持股样本过少，一定程度上削弱了模型的拟合优度；另一方面，上述机构投资者属于发展初期，规模不大、实力较弱，缺乏足够的动机和能力在持股过程中过多的重视企业社会绩效（王玲玲等，2013）。因此，持股偏好假设二的系列假设中，只有假设 H21 为真，假设 H22、H23、H24、H25、H26 均为假，即说明企业社会绩效对 QFII、券商、保险公司、社保基金和信托公司五类机构投资者持股偏好不存在影响，仅有基金表现出对企业社会绩效的持股偏好。

表 6-5　　企业社会绩效与各类机构投资者持股回归结果

变 量	FC_share	QFII_share	IC_share	SC_share	SSF_share	TC_share
C	-68.751*** (-27.376)	-0.578*** (-4.245)	-0.845*** (-7.546)	-0.244 (-2.116)	-0.836*** (-9.645)	0.031 (0.854)
CSP	3.654*** (4.354)	-0.121 (-2.132)	0.003 (0.325)	-0.002 (-0.078)	0.012 (0.657)	-0.008* (-1.185)

续表

变量	FC_share	QFII_share	IC_share	SC_share	SSF_share	TC_share
CFP	16.547*** (15.358)	0.082*** (2.499)	0.065*** (2.254)	0.077** (2.149)	0.098*** (2.658)	-0.001 (-0.196)
ICQ	-2.354*** (-4.257)	-0.657* (-1.165)	-0.054 (-0.657)	-0.038 (-0.575)	-0.026 (-0.675)	-0.004 (-0.165)
Size	5.846*** (21.762)	0.037*** (7.466)	0.054*** (9.675)	0.011* (1.465)	0.025*** (2.674)	0.001 (0.758)
Lev	-3.684*** (-6.368)	-0.211*** (-4.354)	-0.041** (-1.465)	-0.033 (-1.468)	-0.041 (-1.758)	-0.007 (-1.746)
$Type_j$	控制	控制	控制	控制	控制	控制
$Indus_k$	控制	控制	控制	控制	控制	控制
$Ad.\ R^2$	0.352	0.034	0.041	0.031	0.025	0.019
F	98.498***	10.386***	12.165***	6.684***	8.564***	5.579***
N	4520	4520	4520	4520	4520	4520

对基金持股偏好进行深入检验可知（检验结果如表 6-6 所示），企业社会绩效与基金持股比例显著正相关。用基金持股比例变动（ΔFC_share）代替持股比例（FC_share）进行回归，发现变量系数的方向和显著性均未发生变化，结论具有良好的稳健性。这表明基金在制定投资决策时会受到企业社会绩效显著的影响，偏好投资企业社会绩效高的公司。进行滞后检验发现当期 CSP 的系数是 1.854、滞后一期是 2.017，呈增加趋势，即企业社会绩效对基金持股偏好的影响也具有显著的滞后效应，且在一期后迅速减弱（滞后两期的系数为 1.812）。替代变量 ΔFC_share 的回归结果也证明了这种滞后效应（CSP 当期与滞后一、二的系数分别为 0.315、0.301 和 0.278）。因此基金表现出了和机构投资者整体类似的持股偏好。

表 6-6　　　　　　　　企业社会绩效与基金持股回归结果

变量	FC_share			ΔFC_share		
	当期	滞后一期	滞后两期	当期	滞后一期	滞后两期
C	-68.684***	-65.245***	-62.532***	-19.357***	-17.165***	-16.286***
	(-21.682)	(-20.365)	(-19.452)	(-16.456)	(-15.344)	(-14.364)
CSP	1.854***			0.315***		
	(3.654)			(1.864)		
CSP(-1)		2.017***			0.301***	
		(3.754)			(1.813)	
CSP(-2)			1.812***			0.278***
			(3.542)			(1.156)
CFP	16.244***	15.274***	15.124***	4.234***	4.357***	4.123***
	(11.385)	(10.132)	(10.004)	(6.345)	(6.324)	(6.161)
ICQ	-1.574***	-1.154**	-0.984**	-0.463**	-0.411**	-0.347*
	(-2.354)	(-2.247)	(-1.213)	(-0.845)	(-0.721)	(-0.456)
Size	4.241***	3.845***	3.457***	1.257***	1.451***	1.314***
	(17.564)	(17.657)	(16.315)	(9.354)	(9.169)	(8.165)
Lev	-5.854***	-4.123***	-4.015***	-1.984***	-1.161**	-1.582***
	(-5.468)	(-5.142)	(-4.232)	(-2.255)	(-2.215)	(-2.138)
$Type_j$	控制	控制	控制	控制	控制	控制
$Indus_k$	控制	控制	控制	控制	控制	控制
$Ad.R^2$	0.421	0.412	0.375	0.124	0.120	0.117
F	113.681***	109.375***	102.491***	41.358***	40.586***	39.384***
N	4520	3616	2712	4520	3616	2712

6.3.2　内生性分析

对于模型 II 内生性分析同样选取样本公司的流动比率指标作为工具变量（记为 IV1），该工具变量理论上外生于机构投资者持股比例，势必也是基金持股比例的外生变量。同样进一步对该工具变量的有效性进行实证检验（如表 6-7 所示），检验结果显示，当把基金持股比例（FC_share）同时回归于企业社会绩效（CSP）和流动比率（IV）时，企业社会绩效对基金持股影响显著，但流动比率影响不显著；而当基金持股和它们分别回归时，都很显著。这表明流动比率是符合要求的工具变量，同时

第一阶段回归结果同样证实了工具变量的有效性。并进行第二阶段的回归，Hausman 检验结果拒绝原假设，即原模型和 2SLS 模型估计值的差异在统计上不显著，企业社会绩效与基金持股的回归模型中内生性得到了有效的控制，回归结论可靠。

表6-7 企业社会绩效与基金持股内生性分析

变量	工具变量有效性检验			第一阶段	第二阶段
	FC_share			CSP	FC_share
C	-68.684***	-65.315***	-64.345***	-2.258***	-61.896***
	(-21.682)	(-17.165)	(-15.348)	(-11.984)	(-19.468)
CSP	1.854***		1.468***		1.137***
	(3.654)		(2.654)		(1.763)
IV1		0.284**	-0.324	0.202***	
		(1.635)	(-1.687)	(21.312)	
CFP	16.244***	15.452***	14.534***	0.165***	11.324***
	(11.385)	(12.354)	(13.155)	(7.341)	(9.655)
ICQ	-1.574***	-2.014***	-1.548***	-0.544***	-8.465***
	(-2.354)	(-3.625)	(-2.342)	(-2.236)	(-6.354)
Size	4.241***	3.648***	3.521***	0.103***	4.632***
	(17.564)	(20.465)	(18.351)	(8.615)	(15.362)
Lev	-5.854***	-5.042***	-4.364***	-0.421***	-3.412***
	(-5.468)	(-4.645)	(-3.681)	(-5.165)	(-3.153)
$Type_j$	控制	控制	控制	控制	控制
$Indus_k$	控制	控制	控制	控制	控制
Ad. R^2	0.421	0.254	0.213	0.334	0.275
F	113.681***	82.165***	71.354***	143.651***	66.165***
N	4520	4590	4590	4590	4590
F 统计量检验				117.156	
P 值				0.000	
Hausman 检验					1.937
P 值					0.186

6.3.3 稳健性检验

采用"社会贡献率"代理企业社会绩效指标放入模型Ⅱ中，对企业社会绩效与基金持股的相关性进行检验，检验结果（如表6-8所示）也显示采用"社会贡献率"指标后各模型的拟合优度显著下降，进一步证实了本文采用的企业社会绩效指标的科学性和合理性。检验模型的各变量系数方向与显著性水平与原回归结果均没有发生明显变化。企业社会绩效与基金持股比例（FC_share）指标、持股比例变动（ΔFC_share）指标分别在1%和5%的显著性水平下正相关，滞后一期和滞后两期的检验结果同样表明企业社会绩效对基金持股的影响存在滞后性。因此，各机构投资者中基金偏好持股企业社会绩效良好的公司的结论是稳健的，即基金表现出了类似机构投资者整体的持股偏好。

表6-8　　　　企业社会绩效与基金持股稳健性检验

变量	FC_share			ΔFC_share		
	当期	滞后一期	滞后两期	当期	滞后一期	滞后两期
C	-85.354*** (-21.561)	-83.231*** (-21.354)	-79.251*** (-19.561)	-39.657*** (-11.561)	-37.465*** (-11.147)	-36.358*** (-10.381)
CSP	7.131*** (5.621)			2.024** (2.312)		
CSP(-1)		7.031*** (4.735)			1.654** (2.137)	
CSP(-2)			7.367*** (4.156)			1.613** (2.101)
CFP	27.285*** (12.165)	25.615*** (11.354)	25.324*** (11.153)	12.564*** (10.034)	12.156*** (9.459)	11.574*** (9.238)
ICQ	-2.341*** (-4.865)	-2.154*** (-4.354)	-2.105*** (-4.275)	-1.354*** (-3.156)	-1.279*** (-2.894)	-1.124*** (-2.686)
Size	5.435*** (17.634)	5.162*** (17.165)	5.106*** (17.043)	2.656*** (11.757)	2.368*** (11.123)	2.154*** (11.075)
Lev	-5.652*** (-4.259)	-5.452*** (-4.426)	-5.293*** (-4.217)	-2.345*** (-3.753)	-2.452*** (-3.642)	-2.375*** (-3.472)

续表

变量	FC_share			ΔFC_share		
	当期	滞后一期	滞后两期	当期	滞后一期	滞后两期
$Type_j$	控制	控制	控制	控制	控制	控制
$Indus_k$	控制	控制	控制	控制	控制	控制
$Ad.\ R^2$	0.273	0.252	0.241	0.122	0.117	0.109
F	63.754***	62.573***	58.748***	36.485***	34.573***	31.493***
N	4520	3616	2712	4520	3616	2712

6.3.4 结果讨论

我国各类机构投资者基于企业社会绩效的持股偏好存在较大差异，QFII、券商、保险公司、社保基金和信托公司等机构投资者由于发展时期较短、规模实力较弱，没有体现出对企业社会绩效的偏好，仅有基金持股受到企业社会绩效显著的正面影响。因此我国各类机构投资者道德偏好作用存在很大差异，仅有基金扮演了类似于机构投资者整体的道德偏好角色。

6.4 企业社会绩效各维度与机构投资者持股实证分析

由上述分析可知机构投资者整体和基金的持股偏好受到企业社会绩效的显著影响，而企业社会绩效是一个多维度概念（Muller and Kolk，2010），不同维度的企业社会绩效对公司行为的影响存在一定的差异。那么不同维度的企业社会绩效对机构投资者和基金持股偏好是否存在影响、存在何种影响须进一步分析。

6.4.1 企业社会绩效各维度与机构投资者整体持股实证分析

对机构投资者整体而言，模型Ⅲ的回归及检验结果如表 6-9 所示，直接社会绩效和间接社会绩效与机构投资者整体持股比例显著正相关，支持假设 H31 和 H33，而潜在社会绩效与机构投资者整体持股比例不相关，假设 H32 为假。用机构投资者持股比例变动（ΔIIS_share）代替持股比例（IIS_share）进行回归，发现变量系数的方向和显著性均未发生明显变化，说明结论具有良好的稳健性。这充分证明在中国证券市场，机构投资者已经认识到企业社会绩效的重要性，且在制定投资决策时会偏好直接社会绩效和间接社会绩效良好的公司。对实验变量滞后处理得到的回归结果显示变量系数大小和显著性水平均没发生明显变化,进一步巩固了模型的稳健性,而且发现直接社会绩效和间接社会绩效对机构投资者持股偏好的影响也存在显著的滞后效应。替代变量 ΔIIS_share 的滞后回归结果也证明了这种滞后效应。另外比较直接社会绩效和间接社会绩效的系数还发现直接社会绩效的系数更大,表明直接社会绩效对机构投资者持股偏好的影响更明显。因此,就中国机构投资者整体来说,涉及股东、员工的直接社会绩效和涉及公益的间接社会绩效对其持股偏好存在显著影响,其中直接社会绩效的影响程度更大,而涉及债权人、政府、供应商和消费者的潜在社会绩效对持股偏好没有影响。

表 6-9　企业社会绩效各维度与机构投资者整体持股回归结果

变量	IIS_share			ΔIIS_share		
	当期	滞后一期	滞后两期	当期	滞后一期	滞后两期
C	-131.245*** (-24.385)	-122.532*** (-20.832)	-113.374*** (-19.933)	-47.257*** (-15.831)	-45.234*** (-14.563)	-42.703*** (-13.381)
CSP_dir	3.418*** (8.245)	3.218*** (8.103)	3.190*** (7.246)	0.747*** (3.368)	0.536*** (3.205)	0.517*** (3.103)
CSP_pot	0.733 (1.172)	0.437 (1.134)	0.378 (1.103)	0.144 (0.683)	0.132 (0.621)	0.112 (0.593)
CSP_ind	1.846*** (4.865)	1.815*** (4.536)	1.673*** (4.341)	0.368** (2.348)	0.320** (2.429)	0.427*** (2.294)
CFP	19.835*** (8.468)	18.843*** (8.357)	16.622*** (7.862)	11.624*** (5.368)	11.021*** (5.173)	10.262*** (6.377)
ICQ	-1.963** (-2.373)	-1.657** (-2.346)	-1.374** (-2.742)	-0.562** (-0.784)	-0.520* (-0.732)	-0.483* (-0.638)
Size	6.783*** (9.727)	6.532*** (9.638)	6.236*** (9.368)	2.384*** (4.389)	2.326*** (4.290)	2.271*** (4.103)
Lev	-7.546*** (-4.829)	-7.482*** (-4.801)	-7.204** (-4.632)	-2.865** (-1.399)	-2.526* (-1.342)	-2.429** (-1.217)
$Type_j$	控制	控制	控制	控制	控制	控制
$Indus_k$	控制	控制	控制	控制	控制	控制
Ad. R^2	0.231	0.226	0.216	0.188	0.175	0.143
F	57.267***	55.935***	53.832***	18.374***	18.126***	17.864***
N	4520	3616	2712	4520	3616	2712

6.4.2 企业社会绩效各维度与基金持股实证分析

进一步检验企业社会绩效各维度与基金持股的关系，回归结果如表6-10所示，直接社会绩效和间接社会绩效显著与基金持股比例正相关，而与潜在社会绩效不相关，同样支持假设H31和H33。用基金持股比例变动（ΔFC_share）代替持股比例（FC_share）进行回归，发现变量系数的方向和显著性均未发生明显变化，说明结论具有良好的稳健性。这表明中国各类机构投资者中，基金已经认识到企业社会绩效的重要性，且在制定投资决策时会偏好直接社会绩效和间接社会绩效良好的公司。对实验变量滞后处理进一步巩固了模型的稳健性，而且发现直接社会绩效和间接社会绩效对基金持股偏好的影响也存在显著的滞后性。替代变量ΔFC_share的滞后回归结果也证明了这种滞后效应。因此基金表现出了和机构投资者整体类似的基于企业社会绩效的持股偏好，涉及股东、员工的直接社会绩效对基金持股偏好的影响最大，其次是涉及公益的间接社会绩效，而潜在社会绩效对基金持股偏好不存在影响。表明基金管理层一定程度上受到投资组合短期绩效考核的影响，其投资决策考虑企业社会绩效的同时，同样会非常重视经济绩效的优劣（Cox et al., 2004），故而最为重视和经济绩效直接挂钩的股东和员工利益；而且和机构投资者整体类似，基金也会重视公益事业，但债权人、政府、供应商和消费者的利益受到的重视程度同样不够。

表6-10　　　　企业社会绩效各维度与基金持股回归结果

变量	FC_share			ΔFC_share		
	当期	滞后一期	滞后两期	当期	滞后一期	滞后两期
C	-89.034*** (-25.282)	-88.725*** (-24.378)	-86.735 (-23.943)	-37.369*** (-15.964)	-35.947*** (-15.566)	-34.258 (-14.483)
CSP_dir	2.124*** (3.693)	2.067*** (3.593)	1.389*** (3.482)	0.864*** (2.722)	0.746*** (2.382)	0.684*** (2.149)
CSP_pot	0.102 (0.468)	0.097 (0.422)	0.046 (0.382)	-0.056 (-0.273)	-0.053 (-0.212)	-0.042 (-0.198)
CSP_ind	1.463*** (3.285)	1.021* (2.864)	0.908** (2.437)	0.373* (1.599)	0.174 (1.235)	0.116 (1.148)

续表

变量	FC_ share			ΔFC_ share		
	当期	滞后一期	滞后两期	当期	滞后一期	滞后两期
CFP	23.389*** (17.372)	22.865*** (17.210)	21.643*** (15.386)	10.277*** (10.293)	10.173*** (9.857)	9.358*** (9.663)
ICQ	-1.739** (-2.176)	-1.702** (-2.104)	-1.647** (-1.784)	-0.893** (-0.638)	-0.837* (-0.563)	-0.748* (-0.494)
$Size$	4.021*** (17.943)	4.010*** (16.383)	3.835*** (15.603)	2.117*** (11.536)	2.044*** (11.310)	2.104*** (10.839)
Lev	-4.545*** (-3.385)	-4.427** (-3.235)	-4.385** (-3.146)	-3.347*** (-2.674)	-3.228** (-2.425)	-3.143** (-2.395)
$Type_j$	控制	控制	控制	控制	控制	控制
$Indus_k$	控制	控制	控制	控制	控制	控制
$Ad. R^2$	0.204	0.186	0.176	0.117	0.114	0.109
F	55.729***	53.623***	51.536***	33.563**	32.498***	31.632***
N	4520	3616	2712	4520	3616	2712

6.4.3 结果讨论

由上述分析结果可知，机构投资者制定投资决策时最看重股东和员工的利益，而股东利益和员工利益体现了公司的经济绩效，这表明虽然企业社会绩效越来越受到机构投资者的重视，但投资决策时企业社会绩效的重要性仍然从属于经济绩效（Coffey and Fryxell，1991）。另外公益事业也是机构投资者比较注重的指标，对公益的追求有助于提高公司声誉，这种正面声誉能促使公司吸引更多投资、客户、员工等资源，进而促进公司的发展（Neubaum and Zahra，2006）。而债权人、政府、供应商和消费者的利益并不在机构投资者考虑的范围之内，因为公司过度的关注企业社会绩效会影响公司的经济收益，而"那种为了追求社会绩效而乐意牺牲或减少财务回报的投资者并不常见"（McLachlan and Gardner，2004）。因此，企业社会绩效视角下，我国机构投资者虽然在持股过程中体现了道德偏好作用，但对企业社会绩效不同维度的偏好程度存在较大差异。

6.5 本章小结

为了检验机构投资者基于企业社会绩效的持股偏好，以考察基于企社会绩效的机构投资者持股时扮演的道德偏好角色，对企业社会绩效与机构投资者持股比例的相关性进行了实证分析。通过对企业社会绩效与机构投资者整体的回归发现，我国机构投资者整体偏好持股企业社会绩效良好的公司，而且这种偏好存在一定的滞后效应，近几年的企业社会绩效对机构投资者持股偏好都存在显著的积极影响，其中近两年的影响程度更大，这说明我国机构投资者整体上体现了较强的道德偏好作用。进一步对机构投资者进行分类研究发现，我国各类机构投资者基于企业社会绩效的持股偏好存在较大差异，QFII、券商、保险公司、社保基金和信托公司等机构投资者由于发展时期较短、规模实力较弱，没有显示出对企业社会绩效的偏好，仅有基金持股受到企业社会绩效显著的正面影响。因此我国各类机构投资者道德偏好作用存在很大差异，仅有基金扮演了类似于机构投资者整体的道德偏好角色。另外，对企业社会绩效的不同维度进行深入探讨发现，涉及股东、员工的直接社会绩效和涉及公益的间接社会绩效对机构投资者持股偏好存在显著影响，其中直接社会绩效的影响程度更大，而涉及债权人、政府、供应商和消费者的潜在社会绩效对机构投资者持股偏好没有影响。

7 基于企业社会绩效的机构投资者持股偏好影响因素分析

7.1 持股偏好影响因素理论分析与研究设计

7.1.1 持股偏好影响因素理论分析

上述研究结论发现了我国机构投资者整体与基金基于企业社会绩效的持股偏好,即机构投资者整体与基金都扮演了道德偏好角色。而这种偏好背后受到哪些因素的影响需要深入分析。Coffey 和 Fryxell（1991）、Graves 和 Waddock（1994）、Mahoney 和 Roberts（2007）等人都证明了机构投资者对良好企业社会绩效公司的持股偏好,但结论并不稳健。一定程度上正是由于企业社会绩效与机构投资者持股的关系受到很多因素的影响。诸多影响因素中,制度因素和经济因素的影响是最为直接和显著的。

就企业社会绩效与机构投资者持股的关系而言,不能忽视内部控制这个制度方面的影响因素。一方面,内部控制对机构投资者的持股行为存在显著的影响,Ashbaugh et al.（2007）、刘广（2012）、Wang lingling 和 Wang zongjun（2012）等人均发现了内部控制与机构投资者持股之间的相关性,机构投资者倾向持有内部控制质量更好的公司,以避免潜在的风险。另一方面,内部控制与企业社会绩效之间存在显著的相关性,Feng Lili et al.（2012）、马丽娜（2010）、刘芳芳（2012）等人研究表明内部控制有利于将履行企业社会责任内化为企业的自觉行为,促进企业社会绩效的改善;甚至,刘玉廷（2010）、王加灿（2012）等人认为履行企业社会责任是内部控制体系中的一个重要的组成部分。因此,更加直观和显性的内部控制质量,对机构投资者基于企业社会绩效的投资决策存在着非常重要的影响。

另外,大量实证研究表明经济绩效与企业社会绩效、机构投资者持股三者之间存在着错综复杂的联系。就经济绩效与社会绩效而言，早期 Vance（1975）等人认为过多的关注社会绩效会对经济绩效产生负面影响，Wagner 和 Schaltegger（2004）认为企业经济绩效和社会绩效之间呈 U 型曲线关系，但大多数学者（Schadewit and Niskala, 2010; et al.）还是认可企业社会绩效和经济绩效的正相关关系。经济绩效和机构投资者持股的关系也有大量的实证结论，除 Varela et al.（2003）等少数研究表明经济绩效和机构投资者持股之间没有显著的相关性之外，大量研究结论（Miguel et al., 2008; et al.）支持了两者之间的积极关系。基于这些结论，Wahba（2008）以埃及的上市公司为研究对象，进一步研究了经济绩效对社会绩效与机构所有权之间关系的影响。Wahba（2008）发现了经济绩效对企业社会绩效与机构投资者持股关系的调节作用，即企业社会绩效与机构投资者持股比例的关系随经济绩效的不同而变化。

7.1.2 持股偏好影响因素研究设计

1) 持股偏好影响因素研究假设

（1）持股偏好影响因素研究假设一

企业内部控制质量与企业社会责任两者之间关系密切、相互影响（王加灿，2012），通过内部控制可以降低企业社会责任风险，提升企业社会绩效。机构投资者制定投资决策过程中，在考虑企业社会绩效的同时，势必不会忽视内部控制质量的影响。而且相较企业社会绩效，内部控制质量更加直观和显性，能直接作为投资决策制定的依据。因此，机构投资者制定基于企业社会绩效的持股策略时，更倾向内部控制质量更好的公司，以避免潜在的运营风险（Wang lingling 和 Wang zongjun, 2012）。

综上，基于我国证券市场提出研究假设如下：

H11：内部控制质量对机构投资者整体持股偏好存在影响；

H12：内部控制质量对基金持股偏好存在影响。

（2）持股偏好影响因素研究假设二

经济绩效对投资者的重要性不言而喻，机构投资者投资公司的股票不仅仅出于他们的社会和环境声誉，也考虑经济绩效（Vance, 1975）。和社会绩效相比，"经济绩效在影响机构投资者的过程中同样扮演了一个非常重要的角色"（Cox et al., 2004），良好的经济绩效也会吸引机构投资者增加持股量（Miguel and Pedro, 2008）。因此在企业社会绩效与机构投资者持股关系的诸多影响因素中,首当其冲是要考虑经济绩效。一方面,"社会标准的兴起可以影响机构投资行为,但这个标准仍然是次于经济标准的"(Coffey and Fryxell, 1991),即使在社会责任投资理念盛行的前提下,也很少有机构投资者制定投资决策时只重视社会绩效而忽视经济绩效;另一方面,重视社会绩效的投资者与不重视社会绩效的投资者追求经济绩效的目标并没有显著差别,"那种为了追求社会绩效而乐意牺牲或减少财务回报的投资者并不常见"(McLachlan and Gardner, 2004)。

综上,基于我国证券市场提出研究假设如下:

H21:经济绩效对机构投资者整体持股偏好存在影响;

H22:经济绩效对基金持股偏好存在影响。

2)持股偏好影响因素研究模型

(1)持股偏好影响因素研究模型一

为检验假设 H11 和 H12 以分析内部控制质量对机构投资者基于企业社会绩效的持股偏好的影响,借鉴 Wahba(2008)等人的思路,在持股偏好检验模型中加入企业社会绩效和内部控制质量的交叉项($CSP*ICQ$)构建制度因素检验模型,模型 I 检验内部控制质量对机构投资者整持股偏好的影响,模型 II 检验内部控制质量对基金持股偏好的影响。

模型 I:

$$IIS\_share_{i,t} = \alpha + \beta_1 CSP_{i,t} + \beta_2 CFP_{i,t} + \beta_3 ICQ_{i,t} + \beta_4 CSP*ICQ_{i,t}$$
$$+ \beta_5 Size_{i,t} + \beta_6 Lev_{i,t} + \sum \beta_{7,j} Type j_{i,t} + \sum \beta_{8,k} Indus k_{i,t} + \varepsilon_{i,t}$$

$$(7-1)$$

模型 II:

$$FC\_share_{i,t} = \alpha + \beta_1 CSP_{i,t} + \beta_2 CFP_{i,t} + \beta_3 ICQ_{i,t} + \beta_4 CSP*ICQ_{i,t}$$
$$+ \beta_5 Size_{i,t} + \beta_6 Lev_{i,t} + \sum \beta_{7,j} Type j_{i,t} + \sum \beta_{8,k} Indus k_{i,t} + \varepsilon_{i,t}$$

$$(7-2)$$

(2)持股偏好影响因素研究模型二

为检验假设 H21 和 H22 以分析经济绩效对机构投资者基于企业社会绩效的持股偏好的影响,同样在持股偏好检验模型中加入企业社会绩效和经济绩效的交叉项($CSP*CFP$)构建经济因素检验模型,模型 III 检验经济绩效对机构投资者整持股偏好的影响,模型 IV 检验经济绩效对基金持股偏好的影响。

模型 III：

$$IIS\_share_{i,t} = \alpha + \beta_1 CSP_{i,t} + \beta_2 CFP_{i,t} + \beta_3 CSP*CFP_{i,t} + \beta_4 ICQ_{i,t}$$
$$+ \beta_5 Size + \beta_6 Lev_{i,t} + \sum \beta_{7,j} Typej_{i,t} + \sum \beta_{8,k} Indusk_{i,t} + \varepsilon_{i,t}$$

(7-3)

模型 IV：

$$FC\_share_{i,t} = \alpha + \beta_1 CSP_{i,t} + \beta_2 CFP_{i,t} + \beta_3 CSP*CFP_{i,t} + \beta_4 ICQ_{i,t}$$
$$+ \beta_5 Size + \beta_6 Lev_{i,t} + \sum \beta_{7,j} Typej_{i,t} + \sum \beta_{8,k} Indusk_{i,t} + \varepsilon_{i,t}$$

(7-4)

（3）持股偏好影响因素研究模型变量定义

模型中代码表示的研究变量及其含义如表 7-1 所示：

表 7-1 研究变量定义

变量类型	变量名称	变量代码	变量含义
机构持股变量	机构投资者整体持股比例	IIS_share	全部机构投资者持股所占比例
	基金持股比例	FC_share	基金持股所占比例
企业社会绩效变量	企业社会绩效	CSP	企业社会绩效
控制变量	经济绩效	CFP	净资产收益率
	内部控制质量	ICQ	内部控制缺陷
	公司规模	Size	总资产的自然对数
	财务杠杆	Lev	资产负债率
	控股股东类别	$Type_j$	1 表示实际控股人，0 表示其他
	行业	$Indus_k$	1 表示样本所属行业，0 表示其他

7.2 制度因素对持股偏好的影响实证分析

7.2.1 制度因素对机构投资者整体持股的影响分析

1）交互效应检验

为了深入探讨我国机构投资者整体道德偏好背后是否受到内部控制的影响，进一步对模型 I 进行回归分析（如表 7-2 所示）。与持股偏好模型相比，加入交叉项后的模型 I 中内部控制、规模、财务杠杆等变量的系数方向和显著性变化不大，而企业社会绩效变量的系数方向和显著性有了明显改变,且交叉项 $CSP*ICQ$ 的系数为 -13.537,满足 1% 的显著性水平,表明内部控制质量与企业社会绩效之间存在着交互效应。即内部控制质量对机构投资者整体持股与企业社会绩效的相关性存在显著影响,这种影响具体表现为当内部控制质量越好,即内控缺陷越少的时候,企业社会绩效对机构投资者整体持股偏好的影响越显著,也就是机构投资者整体的道德偏好体现的越强烈,支持假设 H11。用机构投资者整体持股比例变动 (ΔIIS_share) 代替持股比例 (IIS_share) 进行回归,发现变量系数的方向和显著性均未发生明显变化,说明结论具有良好的稳健性。因此中国机构投资者基于企业社会绩效制定投资决策的同时,也会充分考虑内部控制质量的影响。

表7-2　　　　　　机构投资者整体持股偏好交互效应检验

变量	IIS_share		ΔIIS_share	
	持股偏好模型	制度影响模型	持股偏好模型	制度影响模型
C	-117.657 *** (-27.286)	-76.262 ** (-13.751)	-44.573 *** (-19.271)	-33.546 ** (-9.018)
CSP	5.370 *** (4.437)	-11.435 *** (-9.003)	2.023 *** (2.358)	-6.324 *** (-5.246)
CFP	32.475 *** (17.357)	43.532 *** (16.058)	7.942 *** (5.493)	31.215 *** (19.354)
ICQ	-2.324 *** (-1.974)	-2.103 *** (-1.357)	-0.747 ** (-1.012)	-0.649 * (-0.853)
$CSP*ICQ$		-13.537 *** (-7.375)		-8.684 *** (-6.502)
Size	6.728 *** (15.275)	15.321 *** (19.215)	1.284 *** (10.368)	7.241 *** (8.358)
Lev	-5.828 *** (-4.351)	-8.542 *** (-6.324)	-1.827 * (-1.936)	-5.421 *** (-3.347)
$Type_j$	控制	控制	控制	控制
$Indus_k$	控制	控制	控制	控制
$Ad.R^2$	0.273	0.249	0.137	0.165
F	95.684 ***	71.851 ***	49.822 ***	41.346 ***
N	4520	4520	4520	4520

2) 分组检验

模型Ⅰ的实证结果表明了内部控制质量对机构投资者与企业社会绩效相关性确实存在影响,为了深入剖析这种影响,将全部公司样本按照是否存在内部控制缺陷分为高内部控制质量样本和低内部控制质量样本两组,其中617个公司为高内部控制质量样本,287个公司为低内部控制质量样本。分别考察在不同内部控制质量的公司中企业社会绩效与机构投资者持股的关系,以剖析内部控制质量是如何影响道德偏好的。对机构投资者整体而言,在高 ICQ 样本中(如表7-3所示),企业社会绩效与机构投资者持股比例显著正相关,而低 CFP 样本中两者的正相关关系不显著(如表7-4所示)。即机构投资者基于企业社会绩效的持股偏好只存在于高 ICQ 样本中,而在低 ICQ 样本中并没有发现机构投资者的这种道德偏好。同样用机构投资者整体持股比例变动(ΔIIS_share)代替持股比例(IIS_share)进行回归,发现变量系数的方向和显著性均未发生明显变化,说明结论具有良好的稳健性。以上结论充分证实了内部控制质量对机构投资者道德偏好的影响作用,即中国机构投资者在投资过程中越来越重视企业社会绩效指标,但是内部控制质量仍然是重要的参考指标。

表7-3　　　　高 ICQ 样本机构投资者整体持股偏好检验

变量	IIS_share			ΔIIS_share		
	当期	滞后一期	滞后两期	当期	滞后一期	滞后两期
C	-75.314*** (-18.653)	-61.842*** (-15.655)	-58.764*** (-13.984)	-20.845*** (-9.321)	-19.655*** (-8.987)	-15.643*** (-7.343)
CSP	10.734*** (5.014)			7.468*** (4.347)		
CSP(-1)		8.185*** (4.895)			5.974** (4.024)	
CSP(-2)			6.438** (4.185)			3.854*** (2.831)
CFP	22.415*** (17.153)	19.711*** (16.761)	17.046*** (15.531)	10.373*** (9.700)	9.324*** (8.234)	7.416*** (7.132)
ICQ	-4.574*** (-3.632)	-4.228*** (-3.421)	-4.144** (-3.642)	-0.184* (-1.654)	-0.159* (-1.383)	-0.121** (-1.268)

续表

变量	IIS_share			ΔIIS_share		
	当期	滞后一期	滞后两期	当期	滞后一期	滞后两期
$Size$	9.341*** (12.305)	8.803*** (10.244)	7.852*** (9.225)	5.261*** (7.464)	4.351*** (6.205)	4.012*** (5.526)
Lev	-14.465*** (-11.573)	-13.716*** (-10.673)	-13.146*** (-9.681)	-9.313*** (-7.612)	-8.623** (-7.028)	-7.135** (-6.242)
$Type_j$	控制	控制	控制	控制	控制	控制
$Indus_k$	控制	控制	控制	控制	控制	控制
$Ad.\ R^2$	0.202	0.200	0.197	0.147	0.132	0.120
F	91.312***	76.173***	57.045***	44.348***	40.354***	39.044***
N	3085	2468	1851	3085	2468	1851

表7-4　　低ICQ样本机构投资者整体持股偏好检验

变量	IIS_share			ΔIIS_share		
	当期	滞后一期	滞后两期	当期	滞后一期	滞后两期
C	-67.176*** (-13.573)	-59.768*** (-11.687)	-48.275*** (-9.254)	-37.576*** (-9.142)	-30.357*** (-8.724)	-28.684*** (-7.825)
CSP	2.176 (1.975)			-1.354 (-1.284)		
$CSP(-1)$		2.219 (1.277)			0.121 (0.243)	
$CSP(-2)$			2.457 (1.847)			0.144 (0.301)
CFP	-14.501*** (-30.468)	-13.643*** (-22.684)	-12.270*** (-19.108)	-6.257*** (-10.276)	-5.794*** (-9.854)	-5.067*** (-9.011)
ICQ	-2.624*** (-2.257)	-2.453** (-1.973)	-2.183** (-1.645)	-0.733* (-1.054)	-0.646 (-0.948)	-0.554** (-0.933)
$Size$	8.654*** (17.786)	7.639*** (15.631)	7.057*** (14.244)	4.761*** (11.417)	4.186*** (11.008)	2.945*** (9.685)
Lev	-13.348*** (-6.616)	-12.138*** (-5.974)	-11.647*** (-4.612)	-5.654*** (-4.321)	-4.365*** (-3.156)	-4.354*** (-3.042)
$Type_j$	控制	控制	控制	控制	控制	控制
$Indus_k$	控制	控制	控制	控制	控制	控制
$Ad.\ R^2$	0.210	0.203	0.189	0.154	0.127	0.102
F	101.821***	83.575***	71.136**	41.972***	33.397***	29.943***
N	1435	1148	861	1435	1148	861

7.2.2 制度因素对基金持股的影响分析

1) 交互效应检验

对基金而言,同样发现了内部控制质量与企业社会绩效之间的交互效应(如表7-5所示),因为加入交叉项后的模型Ⅱ与基金持股偏好模型相比,各变量的系数方向和显著性水平变化不大,而企业社会绩效变量的系数方向和显著性发生了明显改变,且交叉项 $CSP*ICQ$ 的系数为-10.370,满足1%的显著性水平。当内部控制质量越大的时候,交互效应越显著,基金的道德偏好体现的越强烈,支持假设H12。用基金持股比例变动(ΔFC_share)代替持股比例(FC_share)进行回归,证实了结论的稳健性。上述结论表明,基金和机构投资者整体表现出了类似的持股目的,即越来越重视企业社会绩效的同时,仍然会充分考虑内部控制质量的影响。其体现的道德偏好中,一定程度上也是源于对内部控制质量的追求。

表7-5 基金持股偏好交互效应检验

变量	FC_share		ΔFC_share	
	持股偏好模型	制度影响模型	持股偏好模型	制度影响模型
C	-68.684*** (-21.682)	-55.127*** (-15.138)	-19.357*** (-16.456)	-22.384** (-10.348)
CSP	1.854*** (3.654)	-0.244*** (-1.135)	0.315*** (1.864)	-1.579** (-2.384)
CFP	16.244*** (11.385)	44.604*** (21.245)	4.234*** (6.345)	13.644*** (14.623)
ICQ	-1.574*** (-2.354)	-1.121*** (-2.014)	-0.463** (-0.845)	-0.378** (-0.633)
$CSP*ICQ$		-10.370*** (-8.693)		-6.256*** (-5.725)
Size	4.241*** (17.564)	3.084*** (10.011)	1.257*** (9.354)	1.384*** (8.654)
Lev	-5.854*** (-5.468)	-11.875*** (-10.651)	-1.984*** (-2.255)	-10.654*** (-9.554)
$Type_j$	控制	控制	控制	控制
$Indus_k$	控制	控制	控制	控制
Ad. R^2	0.421	0.224	0.124	0.198
F	113.681***	102.541***	41.358***	48.358***
N	4520	4520	4520	4520

2）分组检验

针对基金的分组检验发现，在高 ICQ 样本中（如表 7-6 所示），企业社会绩效与基金持股比例显著正相关，而低 ICQ 样本中两者的正相关关系不显著（如表 7-7 所示）。用基金持股比例变动（ΔFC_share）作为代替变量进行回归，证实了结论的稳健性。即内部控制质量对基金道德偏好存在类似的影响。

表 7-6　　　　　　　　高 ICQ 样本基金持股偏好检验

变量	FC_share			ΔFC_share		
	当期	滞后一期	滞后两期	当期	滞后一期	滞后两期
C	-52.314*** (-15.615)	-48.755*** (-14.169)	-38.654*** (-12.736)	-41.648*** (-13.663)	-34.198*** (-10.110)	-30.456*** (-9.876)
CSP	1.352*** (2.846)			0.543*** (0.186)		
CSP(-1)		0.945*** (1.318)			0.214*** (0.795)	
CSP(-2)			0.846*** (1.301)			0.180*** (0.214)
CFP	15.355*** (17.161)	12.411*** (15.648)	11.963*** (14.945)	6.525*** (8.128)	5.468*** (7.457)	4.114*** (5.418)
ICQ	-1.482*** (-1.537)	-1.402*** (-1.519)	-1.364** (-1.448)	-0.562* (-0.978)	-0.542 (-0.954)	-0.482** (-0.894)
Size	6.274*** (10.614)	5.678*** (10.948)	4.429*** (9.455)	2.132*** (7.624)	2.034*** (7.036)	1.921*** (6.572)
Lev	-9.467*** (-8.974)	-8.779*** (-8.245)	-8.372*** (-7.844)	-6.386*** (-4.386)	-6.179*** (-4.265)	-4.470*** (-4.011)
$Type_j$	控制	控制	控制	控制	控制	控制
$Indus_k$	控制	控制	控制	控制	控制	控制
Ad. R^2	0.215	0.203	0.201	0.167	0.122	0.119
F	87.456***	80.397***	72.863***	52.767***	48.367***	40.673***
N	3085	2468	1851	3085	2468	1851

表 7-7　　　　　　　　　低 ICQ 样本基金持股偏好检验

变量	FC_share			ΔFC_share		
	当期	滞后一期	滞后两期	当期	滞后一期	滞后两期
C	-44.735***	-38.356***	-33.748***	-33.376***	-30.986***	-26.735***
	(-18.874)	(-17.386)	(-16.786)	(-15.737)	(-15.853)	(-14.894)
CSP	0.385			0.202		
	(0.694)			(0.197)		
CSP(-1)		0.197			0.176	
		(0.533)			(0.173)	
CSP(-2)			0.129			0.132
			(0.702)			(0.124)
CFP	-15.256***	-14.396***	-13.248***	-9.289***	-7.936***	-6.389***
	(-19.545)	(-18.757)	(-16.926)	(-10.456)	(-10.548)	(-9.432)
ICQ	-1.130***	-1.121***	-1.032**	-0.523*	-0.482	-0.441**
	(-1.463)	(-1.263)	(-1.187)	(-0.853)	(-0.732)	(-0.693)
Size	6.423***	6.261***	5.957***	4.689***	3.979***	2.757***
	(16.757)	(16.435)	(16.021)	(11.531)	(11.463)	(10.546)
Lev	-7.653***	-6.577***	-6.267***	-5.256***	-5.015***	-4.627***
	(-5.627)	(-4.386)	(-4.057)	(-4.675)	(-4.256)	(-4.114)
$Type_j$	控制	控制	控制	控制	控制	控制
$Indus_k$	控制	控制	控制	控制	控制	控制
Ad. R^2	0.202	0.197	0.190	0.182	0.156	0.121
F	66.536***	61.873***	60.368***	51.282***	48.275***	42.863***
N	1435	1148	861	1435	1148	861

7.2.3 稳健性检验

本文对内部控制质量的界定采用内部控制缺陷（ICD），而为了证实上述研究的稳健性，另利用会计差错（AE）作为替代变量界定内部控制质量。重新考察内部控制质量对机构投资者基于企业社会绩效的持股偏好的影响，同时对样本重新进行分组、回归（回归结果略），同样得到类似的结论，即内部控制质量对机构投资者道德偏好存在显著的影响。

7.2.4 结果讨论

上述研究结论表明，机构投资者持股比例与企业社会绩效的相关性受到内部控制质量较大的影响，即机构投资者对企业社会绩效的持股偏好一定程度上受到制度的影响，当内部控制质量高的时候，机构投资者才会表现出对企业社会绩效的持股偏好；而当内部控制质量低的时候机构投资者持股比例与企业社会绩效没有任何关系。因此对中国机构投资者而言，企业社会绩效逐渐成为制定投资决策必须关注的重要指标，其道德偏好一定程度上是受制于内部制度因素。

7.3 经济因素对持股偏好的影响实证分析

7.3.1 经济因素对机构投资者整体持股的影响分析

虽然实证检验表明机构投资者偏好持股企业社会绩效良好的公司，但这种偏好出于"道德目的"还是"经济目的"，或者这种道德目的背后掺杂了多少经济因素，需要进一步研究，以了解我国机构投资者基于企业社会绩效的持股目的。

1）交互效应检验

为了深入了解我国机构投资者整体道德偏好背后是否受到经济绩效的影响，进一步对模型Ⅲ进行回归分析（如表7-8所示）。与持股偏好模型相比，加入交叉项后的模型Ⅰ中经济绩效、规模、财务杠杆等变量的系数方向和显著性变化不大，而企业社会绩效变量的系数方向和显著性有了明显改变，且交叉项 $CSP * CFP$ 的系数为67.318，满足1%的显著性水平，表明经济绩效与企业社会绩效之间存在着交互效应。即经济绩效对机构投资者整体持股与企业社会绩效的相关性存在显著影响，这种影响具体表现为当经济绩效越大的时候，企业社会绩效对机构投资者整体持股偏好的影响越显著，也就是机构投资者整体的道德偏好体现的越强烈，支持假设H21。用机构投资者整体持股比例变动（ΔIIS_share）代替持股比例（IIS_share）进行回归，发现变量系数的方向和显著性均未发生明显变化，说明结论具有良好的稳健性。因此中国机构投资者基于企业社会绩效制定投资决策的同时，也会充分考虑经济绩效因素的影响，甚至经济绩效的影响会凌驾于社会绩效之上。

表 7-8　　机构投资者整体持股偏好交互效应检验

变量	IIS_share		ΔIIS_share	
	持股偏好模型	经济影响模型	持股偏好模型	经济影响模型
C	-117.657*** (-27.286)	-102.382* (-22.358)	-44.573*** (-19.271)	-40.884*** (-20.278)
CSP*CFP		67.318*** (21.478)		21.472*** (13.392)
CSP	5.370*** (4.437)	-5.282*** (-4.367)	2.023*** (2.358)	-3.382*** (-2.832)
CFP	32.475*** (17.357)	48.843*** (17.832)	7.942*** (5.493)	24.386*** (11.458)
ICQ	-2.324*** (-1.974)	-2.857*** (-2.021)	-0.747* (-1.012)	-0.954** (-1.133)
Size	6.728*** (15.275)	8.278*** (13.567)	1.284*** (10.368)	3.637*** (9.853)
Lev	-5.828*** (-4.351)	-7.843*** (-5.794)	-1.827* (-1.936)	-2.679*** (-2.426)
Typej	控制	控制	控制	控制
Indusk	控制	控制	控制	控制
Ad.R^2	0.273	0.252	0.137	0.132
F	95.684***	63.562***	49.822***	29.733***
N	4520	4520	4520	4520

2）分组检验

模型Ⅲ的实证结果表明了经济绩效对机构投资者与企业社会绩效相关性确实存在影响，为了深入剖析这种影响，将全部公司样本按照经济绩效优劣平均分为高经济绩效样本和低经济绩效样本两组，以分别考察在不同经济绩效的公司中企业社会绩效与机构投资者持股的关系，以剖析经济绩效是如何影响道德偏好的。对机构投资者整体而言，在高 CFP 样本中（如表 7-9 所示），企业社会绩效与机构投资者持股比例显著正相关，而低 CFP 样本中两者的正相关关系不显著（如表 7-10 所示）。即机构投资者基于企业社会绩效的持股偏好只存在于高 CFP 样本中，而在低 CFP 样本中并没有发现机构投资者的这种道德偏好。同样用机构投资者整体持股比例变动（ΔIIS_share）代替持股比例（IIS_share）进行回归，发现变量系数的方向和显著性均未发生明显变化，说明结论具有良好的稳健性。以上结论充分证实了经济绩效对机构投资者道德偏好的影响作用，即中国机构投资者在投资过程中越来越重视企业社会绩效指标，但是经济绩效仍然是重要的参考指标。

表 7-9　　　　　高 CFP 样本机构投资者整体持股偏好检验

变量	IIS_share			ΔIIS_share		
	当期	滞后一期	滞后两期	当期	滞后一期	滞后两期
C	-121.456*** (-24.452)	-120.427*** (-23.246)	-120.031*** (-22.293)	-33.562*** (-11.593)	-31.368*** (-11.639)	-30.843*** (-10.678)
CSP	6.784*** (5.532)			2.692*** (2.904)		
$CSP(-1)$		6.538*** (5.294)			2.533*** (2.638)	
$CSP(-2)$			6.215*** (5.032)			2.326*** (2.543)
CFP	14.378*** (19.425)	13.836*** (18.279)	12.749*** (17.583)	5.445*** (11.568)	5.357*** (11.439)	5.157*** (11.294)
ICQ	-3.604*** (-2.538)	-3.380*** (-2.305)	-3.494** (-2.278)	-0.493* (-0.749)	-0.428 (-0.648)	-0.384** (-0.628)
$Size$	6.643*** (14.435)	6.341*** (14.239)	6.225*** (13.472)	2.935*** (6.742)	2.568*** (6.953)	2.472*** (6.544)
Lev	-8.573*** (-6.247)	-8.325*** (-6.176)	-8.124*** (-6.012)	-3.386*** (-2.658)	-3.296** (-2.536)	-3.146** (-2.422)
$Type_j$	控制	控制	控制	控制	控制	控制
$Indus_k$	控制	控制	控制	控制	控制	控制
$Ad. R^2$	0.231	0.225	0.219	0.153	0.134	0.129
F	76.568***	61.457***	59.451***	31.346***	29.289***	28.634***
N	2260	1808	1357	2260	1808	1357

表 7-10　　　　低 CFP 样本机构投资者整体持股偏好检验

变量	IIS_share			ΔIIS_share		
	当期	滞后一期	滞后两期	当期	滞后一期	滞后两期
C	-118.732***	-113.684***	-112.721***	-39.424***	-37.446***	-35.268***
	(-21.457)	(-21.126)	(-20.347)	(-17.573)	(-16.964)	(-15.494)
CSP	1.568			-0.234		
	(1.342)			(-0.167)		
CSP(-1)		1.342			0.214	
		(1.213)			(0.135)	
CSP(-2)			1.276			0.207
			(1.125)			(0.117)
CFP	-15.873***	-14.864***	-14.274***	-5.668***	-5.423***	-5.246***
	(-17.586)	(-17.235)	(-16.573)	(-8.372)	(-8.663)	(-8.321)
ICQ	-1.597***	-1.466***	-1.378**	-0.684*	-0.653	-0.606**
	(-1.425)	(-1.416)	(-1.367)	(-0.546)	(-0.513)	(-0.478)
Size	6.364***	6.234***	6.056***	2.673***	2.332***	2.115***
	(17.569)	(17.356)	(16.885)	(11.379)	(10.379)	(10.054)
Lev	-9.685***	-8.373***	-8.124***	-2.744***	-2.634***	-2.423***
	(-6.463)	(-6.420)	(-6.165)	(-2.647)	(-2.268)	(-2.159)
$Type_j$	控制	控制	控制	控制	控制	控制
$Indus_k$	控制	控制	控制	控制	控制	控制
Ad. R^2	0.213	0.206	0.195	0.102	0.100	0.093
F	82.479***	77.378***	72.532**	27.568***	25.847***	24.653***
N	2260	1808	1357	2260	1808	1357

7.3.2　经济因素对基金持股的影响分析

1）交互效应检验

对基金而言，同样发现了经济绩效与企业社会绩效之间的交互效应（如表 7-11 所示），因为加入交叉项后的模型 IV 与基金持股偏好模型相比，各变量的系数方向和显著性水平变化不大，而企业社会绩效变量的系数方向和显著性发生了明显改变，且交叉项 CSP * CFP 的系数为 55.374，满足 1% 的显著性水平。当经济绩效越大的时候，交互效应越显著，基金的道德偏好体现的越强烈，支持假设 H22。用基金持股比例变动（ΔFC_ share）代替持股比例（FC_share）进行回归，证实了结论的稳健性。上述结论表明，基金和机构投资者整体表现出了类似的持股目的，即越来越重视企业社会绩效的同时，仍然会充分考虑经济绩效的影响。其体现的道德偏好中，一定程度上也是源于对经济绩效的追求。

表7-11　　　　　　　　基金持股偏好交互效应检验

变量	FC_share		ΔFC_share	
	持股偏好模型	经济影响模型	持股偏好模型	经济影响模型
C	-68.684*** (-21.682)	-79.256*** (-20.275)	-19.357*** (-16.456)	-36.947*** (-17.479)
$CSP*CFP$		55.374*** (22.684)		20.233*** (15.795)
CSP	1.854*** (3.654)	-4.747*** (-6.362)	0.315*** (1.864)	-2.633*** (-3.854)
CFP	16.244*** (11.385)	47.379*** (21.574)	4.234*** (6.345)	24.480*** (15.644)
ICQ	-1.574*** (-2.354)	-1.217*** (-2.123)	-0.463** (-0.845)	-0.355** (-0.636)
$Size$	4.241*** (17.564)	3.463*** (15.349)	1.257*** (9.354)	1.674*** (10.457)
Lev	-5.854*** (-5.468)	-6.854*** (-5.533)	-1.984*** (-2.255)	-5.821*** (-4.473)
$Type_j$	控制	控制	控制	控制
$Indus_k$	控制	控制	控制	控制
$Ad.\ R^2$	0.421	0.232	0.124	0.117
F	113.681***	68.536***	41.358***	41.643***
N	4520	4520	4520	4520

2）分组检验

针对基金的分组检验发现，在高 CFP 样本中（如表7-12所示），企业社会绩效与基金持股比例显著正相关，而低 CFP 样本中两者的正相关关系不显著（如表7-13所示）。用基金持股比例变动（ΔFC_share）作为代替变量进行回归，证实了结论的稳健性。即经济绩效对基金道德偏好存在类似的影响。

表7-12 高CFP样本基金持股偏好检验

变量	FC_share			ΔFC_share		
	当期	滞后一期	滞后两期	当期	滞后一期	滞后两期
C	-83.173*** (-19.533)	-80.363*** (-18.372)	-78.907*** (-17.097)	-37.568*** (-12.131)	-36.274*** (-11.372)	-35.864*** (-11.270)
CSP	3.158*** (3.357)			0.356*** (0.346)		
CSP(-1)		2.728*** (3.252)			0.226*** (0.341)	
CSP(-2)			2.352*** (3.127)			0.220*** (0.298)
CFP	13.468*** (12.577)	12.522*** (12.357)	11.854*** (11.876)	4.357*** (8.463)	4.241*** (8.373)	4.176*** (8.218)
ICQ	-1.843*** (-1.733)	-1.794*** (-1.715)	-1.632** (-1.538)	-0.536* (-0.738)	-0.521 (-0.635)	-0.515** (-0.522)
Size	3.345*** (4.573)	3.311*** (4.421)	3.253*** (4.392)	2.362*** (3.268)	2.279*** (3.175)	2.105*** (3.116)
Lev	-6.426*** (-5.546)	-6.312*** (-5.375)	-6.124*** (-5.267)	-2.743*** (-3.363)	-2.463*** (-3.295)	-2.526*** (-3.167)
$Type_j$	控制	控制	控制	控制	控制	控制
$Indus_k$	控制	控制	控制	控制	控制	控制
Ad. R^2	0.236	0.213	0.204	0.174	0.153	0.147
F	87.435***	85.233***	82.464***	39.642***	37.532***	33.408***
N	2260	1808	1357	2260	1808	1357

表7-13 低CFP样本基金持股偏好检验

变量	FC_share			ΔFC_share		
	当期	滞后一期	滞后两期	当期	滞后一期	滞后两期
C	-74.632*** (-17.462)	-72.535*** (-16.794)	-70.298*** (-15.635)	-37.874*** (-11.254)	-32.343*** (-11.213)	-31.541*** (-10.740)
CSP	1.031 (0.884)			0.276 (0.316)		

续表

变量	FC_share			ΔFC_share		
	当期	滞后一期	滞后两期	当期	滞后一期	滞后两期
CSP(-1)		0.957 (0.824)			0.263 (0.303)	
CSP(-2)			0.849 (0.794)			0.241 (0.289)
CFP	-11.526*** (-18.625)	-11.279*** (-17.473)	-10.847*** (-16.974)	-5.357*** (-6.256)	-5.275*** (-6.422)	-5.021*** (-6.018)
ICQ	-1.217*** (-1.636)	-1.176*** (-1.532)	-1.114** (-1.422)	-0.857* (-1.218)	-0.743 (-1.104)	-0.622** (-0.943)
Size	4.021*** (8.542)	3.755*** (8.324)	3.642*** (8.205)	1.954*** (6.324)	1.763*** (5.621)	1.532*** (5.284)
Lev	-7.536*** (-6.462)	-7.215*** (-6.320)	-7.013*** (-5.953)	-3.521*** (-4.275)	-3.437** (-4.105)	-3.266*** (-3.894)
$Type_j$	控制	控制	控制	控制	控制	控制
$Indus_k$	控制	控制	控制	控制	控制	控制
Ad. R^2	0.216	0.211	0.209	0.174	0.165	0.153
F	78.573***	76.421***	75.673***	37.638***	36.255***	35.711***
N	2260	1808	1357	2260	1808	1357

7.3.3 稳健性检验

本文对企业经济绩效的界定采用净资产收益率（ROE），而为了证实上述研究的稳健性，另利用资产收益率（ROA）作为替代变量界定企业经济绩效。重新考察经济绩效对机构投资者基于企业社会绩效的持股偏好的影响，同时对样本重新进行分组、回归（回归结果略），同样得到类似的结论，即经济绩效对机构投资者道德偏好存在显著的影响。

7.3.4 结果讨论

上述研究结论表明，机构投资者持股比例与企业社会绩效的相关性受到经济绩效较大的影响，即机构投资者对企业社会绩效的持股偏好一定程度上取决于经济绩效，当经济绩效高的时候，机构投资者才会表现出对企业社会绩效的持股偏好；而当经济绩效低的时候机构投资者持股比例与企业社会绩效没有任何关系。因此对中国机构投资者而言，企业社会绩效逐渐成为制定投资决策必须关注的重要指标，其道德偏好一定程度上是基于经济追求。

7.4 本章小结

本章借助内部控制质量和经济绩效两个变量，从制度因素和经济因素两方面剖析了我国机构投资者基于企业社会绩效的持股偏好的影响因素。结论表明我国机构投资者的道德偏好受到内部控制质量和经济绩效两方面的显著影响，即当内部控制质量高的时候，或者经济绩效高的时候，机构投资者才会表现出对企业社会绩效的持股偏好，否则机构投资者和企业社会绩效的相关性并不显著。因此，我国机构投资者在制定基于企业社会绩效的持股策略时，一定程度上会将制度因素和经济因素纳入到考察范围。

8 基于企业社会绩效的机构投资者持股机制分析

8.1 持股机制理论分析与研究设计

8.1.1 持股机制理论分析

上述研究结论发现了我国机构投资者整体与基金基于企业社会绩效的持股偏好,即扮演道德偏好角色。需进一步对这种偏好背后的持股机制进行深入分析,包括持股策略与持股效果,以了解基于企业社会绩效,我国机构投资者"怎么持股"以及"持股效果如何",并根据持股效果的实证结果探讨我国机构投资者持股后是否扮演了道德改善角色。

机构投资者对企业社会绩效产生的持股偏好最根本的原因是源于筛选策略的选择(Cox et al., 2004),即机构投资者会根据企业社会绩效采用筛选策略进行投资决策的制定。Barnett 和 Salomon(2002)发现机构投资者按照企业绩效采用筛选策略来辨别可接受的股票和不可接受的股票。Cox et al.(2004)进一步发现英国机构投资者基于企业社会绩效的持股偏好正是由于投资筛选策略的运用。且负面筛选策略在英国机构投资者投资决策的制定过程中扮演了重要的角色,即机构投资者投资筛选中主要倾向于排除那些企业社会绩效很差的公司,而不是采用正面筛选策略或其他。

另外,由于持股实力的增强和持股比例的增加,机构投资者往往能持有目标公司足够的股票,对该公司的投资成为投资组合中的重要组成部分,更有动机积极干预公司事务(Ryan and Schneider, 2002)。而作为公司最有实力、最重要的利益相关者,持股规模越来越大的机构投资者对公司行为或目标的影响力更为显著(Gedajlovic and Shapiro, 2002),更有能力监控企业行为以提升企业社会绩效。随着股东积极主义的兴起，机构投资者会采取股东提案等方式督促公司改善企业社会绩效，和政府、顾客、供应商、社区等各利益相关者维持积极的互动关系，而这种关系是竞争对手很难模仿的无形资产（Neubaum and Zahra，2006）。通过考察美国证券市场，Neubaum 和 Zahra（2006）发现机构投资者长期持股能有效改善企业社会绩效，且当机构投资者积极主义与合作程度增加的时候，机构投资者体现出来的道德改善作用进一步增强。

8.1.2 持股机制研究设计

1) 持股机制研究假设

(1) 持股机制研究假设一

关注企业社会绩效的机构投资者往往会受到大量社会标准的影响，Coffey 和 Fryxell（1991）发现越来越多的机构投资者声称尽量避免投资从事烟酒及赌博产品生产、对待劳工和种族问题有不良记录、或者拥有武器相关业务的企业。作为最早期的社会责任投资手段，筛选策略（Screening）仍然在社会责任投资领域占据着主导地位（Colle and York，2009），关注企业社会绩效的机构投资者会借助筛选策略进行投资决策的制定（Barnett and Salomon，2002）。筛选策略分为正面筛选（Positive screens）策略和负面筛选（Negative screens）策略两种。正面筛选是指投资者主要投资对社会有正面贡献的公司，比如重视劳工关系、环境保护、产品安全及人权的公司；负面筛选则是投资者避免投资对社会造成伤害的公司，如烟草公司、从事赌博事业的公司、生产大规模杀伤性武器的公司等。

综上，基于我国证券市场提出研究假设如下：

H11：筛选策略对机构投资者整体持股存在影响；

H12：筛选策略对基金持股存在影响。

(2) 持股机制研究假设二

随着股东积极主义的兴起和持股规模的增长，机构股东越来越受到公司管理层的关注，使其在关键组织决策制定时具有很重要的表决权（Neubaum and Zahra，2006）。而且证券市场对机构股东信托责任的强化导致他们更加谨慎的监控控股公司的行为，尤其企业社会绩效方面（Blair，1995）。机构投资者持股对企业社会绩效的影响也存在两种不同的观点，一种观点认为机构投资者的管理层会面临根据其投资组合的短期绩效进行考核的压力，使得财务收益成为他们关注的重中之重，而企业社会绩效得不到应有的重视，甚至被认为是财务绩效的拖累（Johnson and Greening, 1999）。另一种观点认为对机构投资者管理层的考核不仅取决于短期业绩，机构投资者也会采取诸如指数化投资的长期投资工具，在长期持股的前提下提高企业社会绩效成为公司可持续发展、获得竞争优势的必然选择。

综上，基于我国证券市场提出研究假设如下：

H21：机构投资者整体持股对企业社会绩效存在影响；

H22：基金持股对企业社会绩效存在影响。

2）持股机制研究模型

（1）持股机制研究模型一

为检验假设 H11 和 H12 以分析机构投资者基于企业社会绩效的筛选策略，设计两个虚拟变量：最优企业社会绩效变量 BEST 和最差企业社会绩效变量 WORST，即按照 CSP 高低对所有样本进行排序，排名前四分之一（总 1130 个样本）的样本取值为 1，命名为 BEST；排名后四分之一的样本取值为 1，命名为 WORST。并借鉴 Cox et al.（2004）的思路，构建持股策略模型如下。模型 I 检验最优、最差企业社会绩效与机构投资者整体持股的相关性，模型 II 检验最优、最差企业社会绩效与基金持股的相关性。

模型 I：

$$IIS\_share_{i,t} = \alpha + \beta_1 BEST_{i,t} + \beta_2 WORST_{i,t} + \beta_3 CFP_{i,t} + \beta_4 ICQ_{i,t} + \beta_5 Size_{i,t} + \beta_6 Lev_{i,t} + \sum \beta_{7,j} Typej_{i,t} + \sum \beta_{8,k} Indusk_{i,t} + \varepsilon_{i,t}$$

(8-1)

模型 II：

$$FC\_share_{i,t} = \alpha + \beta_1 BEST_{i,t} + \beta_2 WORST_{i,t} + \beta_3 CFP_{i,t} + \beta_4 ICQ_{i,t} + \beta_5 Size_{i,t} + \beta_6 Lev_{i,t} + \sum \beta_{7,j} Typej_{i,t} + \sum \beta_{8,k} Indusk_{i,t} + \varepsilon_{i,t}$$

(8-2)

（2）持股机制研究模型二

为了考察机构投资者持股对企业社会绩效的影响，以企业社会绩效为被解释变量构建持股效果模型如下，以检验假设 H21、H22。由于机构投资者持股对企业社会绩效的改善很难在当期立竿见影，所以持股效果模型中用前期的机构投资者持股和企业社会绩效进行回归。其中模型 III 主要检验机构投资者整体持股对企业社会绩效的影响，模型 IV 主要检验基金持股对企业社会绩效的影响。

模型 III：

$$CSP_{i,t} = \alpha + \beta_1 IIS\_share_{i,t} + \beta_2 CFP_{i,t} + \beta_3 ICQ_{i,t} + \beta_4 Size_{i,t}$$
$$+ \beta_5 Lev_{i,t} + \sum \beta_{6,j} Typej_{i,t} + \sum \beta_{7,k} Indusk_{i,t} + \varepsilon_{i,t}$$
（8-3）

模型 IV：

$$CSP_{i,t} = \alpha + \beta_1 FC\_share_{i,t} + \beta_2 CFP_{i,t} + \beta_3 ICQ_{i,t} + \beta_4 Size_{i,t}$$
$$+ \beta_5 Lev_{i,t} + \sum \beta_{6,j} Typej_{i,t} + \sum \beta_{7,k} Indusk_{i,t} + \varepsilon_{i,t}$$
（8-4）

（3）持股机制研究模型变量定义

模型中代码表示的研究变量及其含义如表 8-1 所示：

表 8-1　　　　　　　　　研究变量定义

变量类型	变量名称	变量代码	变量含义
机构持股变量	机构投资者整体持股比例	IIS_share	全部机构投资者持股所占比例
	基金持股比例	FC_share	基金持股所占比例
企业社会绩效变量	企业社会绩效	CSP	企业社会绩效
	最优企业社会绩效	$BEST$	CSP 高低排序，全部样本的前 1/4
	最差企业社会绩效	$WORST$	CSP 高低排序，全部样本的后 1/4
控制变量	经济绩效	CFP	净资产收益率
	内部控制质量	ICQ	内部控制缺陷
	公司规模	$Size$	总资产的自然对数
	财务杠杆	Lev	资产负债率
	控股股东类别	$Type_j$	1 表示实际控股人，0 表示其他
	行业	$Indus_k$	1 表示样本所属行业，0 表示其他

8.2 企业社会绩效与机构投资者持股策略实证分析

机构投资者整体和基金存在对企业社会绩效的持股偏好，引起这种偏好的途径很多，本文仅从筛选策略运用的角度探讨这种持股偏好产生的过程，即利用持股策略模型分析机构投资者整体和基金制定投资决策时"是否受到"以及"受到何种"筛选策略的影响。

8.2.1 机构投资者整体持股策略分析

对机构投资者整体而言，模型Ⅰ的回归及检验结果如表8-2所示，最优企业社会绩效与机构投资者整体持股比例显著正相关，最差企业社会绩效与机构投资者整体持股比例显著负相关，说明筛选策略对机构投资者持股偏好产生了显著影响，支持假设H11。用持股比例变动（ΔIIS_share）代替持股比例（IIS_share）进行回归，系数的方向和显著性均未发生变化，说明结论具有良好的稳健性。充分证明在中国证券市场，正面筛选策略和负面筛选策略对机构投资者的持股偏好均产生了一定的影响，即机构投资者在偏好投资对社会有正面贡献公司的同时也会避免投资产生负面影响的公司。对实验变量滞后处理得到的回归结果进一步巩固了模型的稳健性，虽然实验变量当期、滞后一期、滞后两期的系数变化没有明显的趋势，但最优、最差企业社会绩效当期系数的绝对值都是最大的，即当期的企业社会绩效表现对机构投资者筛选策略的影响最显著。这也表明影响机构投资者基于企业社会绩效的持股偏好的诸多因素中，筛选策略是首当其冲且非常重要的。另外，分别考察最优和最差企业社会绩效的系数绝对值可进一步发现，最优企业社会绩效的系数绝对值远远高于最差企业社会绩效，即正面筛选策略对机构投资者投资决策的影响要远大于负面筛选策略的影响。因此可以认为机构投资者整体制定投资策略时会借助筛选策略，而且以正面筛选策略为主要手段，负面筛选策略为辅。

表 8-2 最优、最差企业社会绩效与机构投资者整体持股回归结果

变量	II_share			ΔII_share		
	当期	滞后一期	滞后两期	当期	滞后一期	滞后两期
C	-114.198*** (-28.149)	-107.527*** (-25.751)	-95.412*** (-21.680)	-23.637*** (-17.453)	-21.836*** (-16.203)	-19.462*** (-15.331)
BEST	11.681*** (10.652)			3.262*** (7.182)		
WORST	-6.926*** (-7.367)			-1.168** (-2.187)		
BEST(-1)		8.746*** (7.843)			2.566*** (6.637)	
WORST(-1)		-4.492*** (-5.425)			-1.058*** (-2.166)	
BEST(-2)			7.715*** (7.031)			2.024*** (6.172)
WORST(-2)			-4.613** (-5.204)			-1.175*** (-2.823)
CFP	20.942*** (11.168)	25.166*** (12.433)	22.189*** (12.057)	4.491*** (6.163)	5.472*** (7.351)	4.941*** (6.643)
ICQ	-0.812* (1.132)	-0.618** (-0.891)	-0.313 (-0.314)	-0.549* (0.323)	0.543 (0.954)	-0.613* (-1.054)
Size	10.345*** (12.317)	9.617*** (12.112)	9.156*** (11.174)	2.085** (5.316)	1.854*** (5.134)	1.465*** (4.364)
Lev	-1.354* (1.313)	-1.134 (-0.813)	-0.687 (-0.614)	1.042* (1.386)	0.816* (1.374)	-1.674 (-1.585)
$Type_j$	控制	控制	控制	控制	控制	控制
$Indus_k$	控制	控制	控制	控制	控制	控制
Ad. R^2	0.341	0.334	0.315	0.204	0.211	0.245
F	105.654***	98.846***	89.534***	47.448***	44.418***	40.738***
N	4520	3616	2712	4520	3616	2712

8.2.2 基金持股策略分析

对基金而言,模型 II 的回归及检验结果如表 8-3 所示,最优、最差

企业社会绩效与基金持股比例存在显著的相关性。替代变量 ΔFC_share 的回归结果证明了模型的稳健性，支持假设 H12，即筛选策略对基金持股偏好产生了一定的影响。对实验变量滞后处理也发现当期的企业社会绩效表现对基金投资筛选策略的影响最显著，说明对基金而言筛选策略对其投资决策的影响也是非常重要的。进一步考察最优和最差企业社会绩效的系数绝对值，表明和机构投资者整体一样，正面筛选策略对基金持股偏好的影响要大于负面筛选策略的影响，因此可以认为基金在制定投资决策时也会借助筛选策略，且同样以正面筛选策略为主，负面筛选策略为辅。

表 8-3　　最优、最差企业社会绩效与基金持股回归结果

变量	FC_share			ΔFC_share		
	当期	滞后一期	滞后两期	当期	滞后一期	滞后两期
C	-66.840 *** (-33.167)	-63.242 *** (-32.791)	-58.98 *** (-31.417)	-18.715 *** (-19.614)	-18.641 *** (-18.746)	-17.155 *** (-17.612)
BEST	4.618 *** (11.785)			1.145 *** (8.413)		
WORST	-1.156 *** (-4.671)			-0.574 *** (-2.713)		
BEST (-1)		3.146 *** (10.163)			1.011 *** (7.621)	
WORST (-1)		-1.254 *** (-4.175)			-0.485 ** (-2.618)	
BEST (-2)			2.218 *** (8.158)			0.954 *** (5.575)
WORST (-2)			-1.176 *** (-4.368)			-0.525 *** (-2.617)
CFP	19.619 *** (17.426)	20.348 *** (17.618)	20.166 *** (17.864)	4.637 *** (6.681)	4.891 *** (6.368)	5.016 *** (6.671)
ICQ	-0.975 ** (1.136)	-1.013 * (-1.618)	-0.865 (-0.683)	-0.981 * (0.816)	0.886 (0.946)	-0.785 * (-0.766)
Size	4.518 *** (16.346)	4.368 *** (16.675)	4.245 *** (16.257)	1.465 *** (8.681)	1.245 *** (8.241)	1.117 *** (7.678)

续表

变量	FC_share			ΔFC_share		
	当期	滞后一期	滞后两期	当期	滞后一期	滞后两期
Lev	0.627 (0.368)	-0.420 (-0.675)	-1.367** (-1.136)	0.221 (0.457)	-0.671 (-1.254)	-1.475** (-1.316)
$Type_j$	控制	控制	控制	控制	控制	控制
$Indus_k$	控制	控制	控制	控制	控制	控制
$Ad. R^2$	0.212	0.203	0.214	0.158	0.66	0.174
F	87.335***	78.686***	75.368***	33.316***	31.715***	29.751***
N	4520	3616	2712	4520	3616	2712

8.2.3 稳健性检验

采用"社会贡献率"的稳健性检验结果显示（如表8-4所示），最优企业社会绩效与机构投资者整体的持股比例及变动显著正相关，表明正面筛选策略对我国机构投资者整体的持股决策产生了非常重要的影响。最差企业社会绩效与机构投资者整体持股比例显著负相关，而与其持股比例变动的负相关性不显著，表明负面筛选策略对我国机构投资者整体的持股决策产生了一定的影响，但影响有限。最优和最差企业社会绩效的系数绝对值大小也证实了这个结论，即我国机构投资者整体的持股偏好受到了筛选策略的影响，且在筛选策略的运用中以正面筛选策略为主要手段。

表8-4 最优、最差企业社会绩效与机构投资者整体持股稳健性检验

变量	II_share			ΔII_share		
	当期	滞后一期	滞后两期	当期	滞后一期	滞后两期
C	-107.186*** (-31.498)	-104.681*** (-29.642)	-98.736*** (-28.561)	-42.285*** (-17.826)	-40.781*** (-16.348)	-38.619*** (-16.175)
BEST	5.346*** (5.245)			1.873*** (2.014)		
WORST	-2.247*** (-2.165)			-0.342 (-0.146)		
BEST(-1)		5.157*** (5.134)			1.254*** (1.864)	

续表

变量	II_share			ΔII_share		
	当期	滞后一期	滞后两期	当期	滞后一期	滞后两期
WORST(-1)		-2.245** (-2.167)			-0.316 (-0.354)	
BEST(-2)			5.014*** (4.985)			1.246*** (1.315)
WORST(-2)			-2.135* (-1.987)			-0.243 (-0.254)
CFP	25.375*** (17.438)	24.186*** (16.966)	22.635*** (16.513)	11.368*** (10.325)	10.618*** (9.463)	10.138*** (9.163)
ICQ	-0.975** (1.245)	-0.857* (-0.984)	-0.813* (-0.876)	-0.438* (0.424)	0.452* (0.410)	-0.427 (-1.406)
Size	10.618*** (11.890)	10.242*** (11.475)	9.768*** (10.478)	3.698*** (4.356)	3.564*** (4.332)	2.984*** (2.954)
Lev	-7.469*** (-5.478)	-7.234*** (-5.352)	-6.479*** (-5.105)	-2.356*** (-2.236)	-2.035** (-2.135)	-1.896** (-2.032)
$Type_j$	控制	控制	控制	控制	控制	控制
$Indus_k$	控制	控制	控制	控制	控制	控制
Ad. R^2	0.213	0.203	0.198	0.137	0.114	0.095
F	62.356***	60.465***	59.648***	22.378***	21.484***	19.746***
N	4520	3616	2712	4520	3616	2712

基金持股策略的稳健性检验结果如表8-5所示,同样发现正面筛选策略对我国基金的持股决策产生了非常重要的影响,而负面筛选策略对我国基金的持股决策产生了一定的影响,但影响有限。所以稳健性检验证实了我国机构投资者整体和基金在投资决策制定中以正面筛选策略为主要手段。

表8-5 最优、最差企业社会绩效与基金持股稳健性检验

变量	FC_share			ΔFC_share		
	当期	滞后一期	滞后两期	当期	滞后一期	滞后两期
C	-85.514*** (-17.313)	-83.361*** (-16.918)	-81.248*** (-16.168)	-33.647*** (-10.615)	-31.612*** (-9.218)	-30.148*** (-9.525)

续表

变量	FC_share			ΔFC_share		
	当期	滞后一期	滞后两期	当期	滞后一期	滞后两期
BEST	4.465*** (5.451)			1.124*** (3.155)		
WORST	-1.045** (-2.455)			-0.486 (-0.462)		
BEST(-1)		3.518*** (4.807)			1.043*** (3.075)	
WORST(-1)		-1.021*** (-2.165)			-0.376 (-0.748)	
BEST(-2)			3.182*** (4.138)			0.957*** (2.867)
WORST(-2)			-0.975* (-1.827)			-0.243 (-0.423)
CFP	27.948*** (19.432)	27.622*** (18.097)	27.215*** (14.869)	10.164*** (12.967)	9.978*** (12.287)	9.614*** (10.069)
ICQ	-0.972* (1.035)	-0.885** (-0.685)	-0.675* (-0.619)	-0.375* (0.435)	0.264* (0.375)	-0.227* (-0.618)
Size	5.481*** (12.694)	4.615*** (12.076)	5.043*** (12.483)	3.415*** (10.469)	2.872*** (9.875)	3.124*** (10.135)
Lev	-4.649*** (-4.532)	-4.345*** (-4.423)	-4.645*** (-4.786)	-2.687*** (-2.798)	-2.987*** (-2.903)	-2.416*** (-2.467)
$Type_j$	控制	控制	控制	控制	控制	控制
$Indus_k$	控制	控制	控制	控制	控制	控制
$Ad.R^2$	0.221	0.228	0.226	0.179	0.180	0.178
F	57.487***	54.597***	49.357***	33.578***	32.469***	30.698***
N	4520	3616	2712	4520	3616	2712

8.2.4 结果讨论

通过对持股策略的检验发现，最优企业社会绩效与机构投资者整体持股比例显著正相关，最差企业社会绩效与机构投资者整体持股比例显著负相关，说明机构投资者持股偏好的产生源于机构投资者筛选策略的运用，机构投资者在偏好投资对社会有正面贡献公司的同时也会避免投资产生负面影响的公司。稳健性检验发现，最差企业社会绩效与机构投资者持股比例显著负相关，而与持股比例变动的负相关性不显著，表明负面筛选策略对我国机构投资者整体的持股决策产生了一定的影响，但影响有限。分别考察最优和最差企业社会绩效的系数绝对值也发现，最优企业社会绩效的系数绝对值远远高于最差企业社会绩效，即正面筛选策略对机构投资者投资决策的影响要远大于负面筛选策略的影响。因此，我国机构投资者的持股偏好受到了筛选策略的影响，且在筛选策略的运用中以正面筛选策略为主要手段。

8.3 企业社会绩效与机构投资者持股效果实证分析

8.3.1 回归分析

模型 III 的回归及检验结果如表 8-6 所示，前期机构投资者持股比例与企业社会绩效显著正相关，即机构投资者持股有利于企业社会绩效的改善，支持假设 H21。对机构投资者持股变量滞后处理，各变量系数的方向和显著性程度没有发生明显变化，说明模型具有良好的稳健性，充分证明中国机构投资者整体体现了一定的道德改善作用。而分析回归系数可知，滞后一期、滞后二期期和滞后三期的机构投资者持股与企业社会绩效的系数都较小（为0.002和0.001），表明现阶段我国机构投资者持股对企业社会绩效改善的促进作用有限。用企业社会绩效变动（ΔCSP）代替企业社会绩效（CSP）进行回归，检验机构投资者持股对企业社会绩效改善力度的影响，回归结果表明前期机构投资者持股与企业社会绩效的改善力度显著负相关，各期的机构投资者持股与企业社会绩效改善的相关系数较小且显著性逐期减弱，表明机构投资者持股对机构投资者的改善力度有微弱的负面影响，即机构投资者持股比例越高，企业社会绩效改善的力度越小。一方面是由于机构投资者倾向于持股社会绩效较高的公司，其社会绩效改善的空间变小、难度加大；另一方面说明我国机构投资者投资目标公司不仅仅出于企业社会绩效，而且改善企业社会绩效并不是终极目标，因为对机构投资者而言"道德标准仍然是次于经济标准的"（Coffey and Fryxell，1991）。因此我国机构投资者整体已经表现出了一定的道德改善作用,但非常有限。

表8-6　　　　　　　　　机构投资者整体持股效果回归结果

变量	CSP			ΔCSP		
	滞后一期	滞后两期	滞后三期	滞后一期	滞后两期	滞后三期
C	-1.287*** (-3.356)	-1.385*** (-3.467)	-1.674*** (-3.764)	-0.645*** (-1.764)	-0.645*** (-1.856)	-0.986 (-2.254)
$IIS\_share(-1)$	0.002** (2.345)			-0.001*** (-3.562)		
$IIS\_share(-2)$		0.001** (1.136)			-0.001** (-2.318)	
$IIS\_share(-3)$			0.001** (1.345)			0.000 (-0.354)
CFP	0.975*** (3.345)	0.824*** (3.406)	0.664*** (3.477)	0.402*** (4.257)	0.397*** (4.765)	0.364*** (4.254)
ICQ	-0.735*** (-1.234)	-0.652** (-0.987)	-0.705* (-0.314)	-0.342** (-0.323)	-0.413* (-0.954)	-0.378* (-1.054)
$Size$	0.089*** (5.644)	0.086*** (5.346)	0.083*** (5.532)	0.023*** (2.255)	0.021*** (2.264)	0.018 (1.968)
Lev	-0.763*** (-17.685)	-0.761*** (-16.325)	-0.468*** (-15.162)	-0.075*** (-2.234)	-0.079*** (-1.577)	-0.080** (-1.865)
$Type_j$	控制	控制	控制	控制	控制	控制
$Indus_k$	控制	控制	控制	控制	控制	控制
$Ad.R^2$	0.201	0.179	0.153	0.057	0.050	0.047
F	43.354***	42.681***	41.475***	8.834***	7.748***	7.135***
N	3616	2712	1808	3616	2712	1808

进一步对基金的道德改善作用进行分析,模型Ⅳ的回归及检验结果如表8-7所示,前期基金持股比例与企业社会绩效显著正相关,即基金持股有利于企业社会绩效的改善。对机构投资者持股滞后处理后同样显示模型具有良好的稳健性,充分证明中国机构投资者中基金体现了道德改善作用,支持假设 H22。而分析回归系数可知,企业社会绩效与滞后一期、滞后二期期和滞后三期的基金持股的系数都较小(均为0.001),表明现

阶段基金持股对企业社会绩效改善的促进作用也很有限。用企业社会绩效变动（ΔCSP）代替企业社会绩效（CSP）进行回归，检验基金持股对企业社会绩效改善力度的影响，回归结果表明前期基金持股与企业社会绩效的改善力度显著负相关，各期机构投资者持股与企业社会绩效改善的相关系数较小，表明基金持股对机构投资者的改善力度也存在微弱的负面影响。因此基金表现出了一定的道德改善作用，同样非常有限。

表 8-7　　　　　　　　　　基金持股效果回归结果

变量	CSP			ΔCSP		
	滞后一期	滞后两期	滞后三期	滞后一期	滞后两期	滞后三期
C	-1.124*** (-2.636)	-1.254*** (-2.367)	-1.287*** (-2.855)	-0.358*** (-1.618)	-0.384*** (-1.354)	-0.404** (-1.254)
FC_share (-1)	0.001* (1.257)			-0.001** (-2.345)		
FC_share (-2)		0.001* (1.174)			-0.001* (-2.416)	
FC_share (-3)			0.001*** (1.375)			0.000 (-0.247)
CFP	0.354*** (4.257)	0.375*** (4.365)	0.368*** (4.765)	0.265*** (2.357)	0.260*** (2.725)	0.251*** (2.678)
ICQ	-0.531*** (-1.543)	-0.425*** (-1.346)	-0.408* (-1.587)	-0.224** (-0.985)	-0.235* (-0.946)	-0.357* (-0.978)
$Size$	0.072*** (2.375)	0.068*** (2.768)	0.068*** (2.468)	0.031*** (1.005)	0.028*** (0.987)	0.022 (0.834)
Lev	-0.687*** (-10.765)	-0.634*** (-10.413)	-0.609*** (-9.365)	-0.088*** (-3.357)	-0.085** (-3.331)	-0.821** (-3.107)
$Type_j$	控制	控制	控制	控制	控制	控制
$Indus_k$	控制	控制	控制	控制	控制	控制
$Ad.R^2$	0.179	0.166	0.161	0.042	0.038	0.035
F	32.435***	30.632***	28.544***	4.373***	4.257***	4.214***
N	3616	2712	1808	3616	2712	1808

8.3.2 内生性分析

对于持股效果模型，本文选取样本公司的高管薪酬水平指标作为工具变量（记为 $IV2$），并用"年薪最高的前三位董事的报酬总和"的对数衡量该指标。由于高管薪酬水平与机构投资者持股比例显著正相关相关，同时高管薪酬水平属于外生于企业社会绩效的变量，理论上符合工具变量的要求。实证检验也发现（如表8-8所示，报告了主要变量系数和检验结果），当把企业社会绩效（CSP）同时回归于机构投资者持股比例（IIS_share）和高管薪酬水平（$IV2$）时，机构持股对企业社会绩效影响显著，但对高管薪酬水平影响不显著；而当企业社会绩效和它们分别回归时，都很显著。这表明高管薪酬水平并不直接影响企业社会绩效，而仅仅通过机构持股对其产生影响。第一阶段回归结果显示，高管薪酬水平与机构投资者持股比例显著正相关，F 统计量为 202.652，大于经验切割点 10，排除弱工具变量问题，表明工具变量的选择是有效的。然后进行第二阶段的回归，并采用 Hausman 检验对原回归和 2SLS 的估计值进行比较。由 Hausman 检验结果可知，原回归和 2SLS 的估计值的差异在统计上不显著。因此可以认为机构投资者整体持股与企业社会绩效的回归模型中内生性得到了有效的控制，上述回归结论可靠。同样方法检验基金持股与企业社会绩效的回归模型（检验结果略），内生性同样得到了有效控制，巩固了结论的可靠性。

表8-8　　　　　机构投资者整体持股效果内生性分析

变量	工具变量有效性检验			第一阶段	第二阶段
	CSP	CSP	CSP	IIS_share	CSP
C	-0.824*** (-4.584)	-1.322*** (-7.265)	-0.947*** (-5.475)	-172.254*** (-31.654)	-0.644*** (-3.846)
IIS_share	0.002*** (4.614)		0.002*** (5.275)		0.004*** (3.394)
$IV2$		0.024*** (1.488)	0.032 (1.647)	4.372*** (9.563)	
CFP	0.573*** (5.743)	0.536*** (5.632)	0.428*** (5.125)	31.832*** (17.863)	0.526*** (5.785)

续表

变量	工具变量有效性检验			第一阶段	第二阶段
	CSP			IIS_share	CSP
ICQ	-0.673*	-0.669*	-0.604*	-5.674**	-0.832*
	(-1.479)	(-1.410)	(-1.386)	(-7.479)	(-1.793)
$Size$	0.078***	0.065***	0.072***	7.836***	0.059***
	(9.306)	(9.277)	(9.282)	(14.285)	(6.652)
Lev	-0.693***	-0.665***	-0.793***	-12.536***	-0.968***
	(-16.343)	(-14.747)	(-17.558)	(-21.583)	(-11.477)
$Type_j$	控制	控制	控制	控制	控制
$Indus_k$	控制	控制	控制	控制	控制
$Ad.\ R^2$	0.272	0.266	0.294	0.259	0.244
F	68.844***	67.729***	73.026***	76.994***	69.657***
N	4520	4520	4520	4520	4520
F 统计量检验				202.652	
P 值				0.000	
Hausman 检验					0.004
P 值					0.217

8.3.3 稳健性检验

采用"社会贡献率"指标对持股效果模型进行检验，各模型的拟合优度显著下降。原持股效果模型的拟合优度保持在20%以上，采用"社会贡献率"作为代理变量后拟合优度下降至15%左右，说明本文采用的企业社会绩效指标对持股效果模型而言也更为科学、合理。而回归结果中的变量系数方向与显著性水平均没有发生明显变化（检验结果如表8-9所示），证实了结论的稳健性。机构投资者持股比例与"社会贡献率"在1%的显著性水平下正相关，而各期持股与"社会贡献率"的相关系数都较小（均为0.001），同样说明我国机构投资者对企业社会绩效存在非常有限的改善作用。

表 8-9　　　　　　　　　　机构投资者持股效果稳健性检验

变量	CSP					
	滞后一期	滞后两期	滞后三期	滞后一期	滞后两期	滞后三期
C	0.578*** (5.615)	0.556*** (5.363)	0.520*** (5.245)	0.413*** (4.354)	0.404*** (4.257)	0.394*** (4.013)
IIS_share	0.001*** (5.356)	0.001*** (5.245)	0.001** (5.154)			
FC_share				0.001*** (4.166)	0.001*** (4.114)	0.001*** (3.964)
CFP	0.039** (1.986)	0.037* (1.875)	0.033 (1.054)	0.042** (2.124)	0.040* (1.816)	0.028 (0.875)
ICQ	-0.108** (-1.235)	-0.095** (-1.135)	-0.088* (-0.579)	-0.067** (-0.537)	-0.063* (-0.678)	-0.058* (-0.485)
$Size$	0.008*** (2.124)	0.007** (2.105)	0.007* (1.867)	0.006** (1.763)	0.006** (1.675)	0.005* (1.576)
Lev	-0.118*** (-6.546)	-0.108*** (-6.235)	-0.097*** (-4.578)	-0.103*** (-5.375)	-0.101 (-5.163)	-0.091*** (-4.354)
$Type_j$	控制	控制	控制	控制	控制	控制
$Indus_k$	控制	控制	控制	控制	控制	控制
$Ad.\ R^2$	0.185	0.166	0.162	0.134	0.125	0.111
F	52.158***	49.365***	48.387***	35.465***	33.565***	29.514***
N	3616	2712	1808	3616	2712	1808

8.3.4　结果讨论

通过对机构投资者持股效果模型的检验发现,我国机构投资者整体和基金持股对未来企业社会绩效存在显著的正面影响,说明我国机构投资者在持股过程中体现了一定的道德改善作用。进而考察机构投资者持股与企业社会绩效的相关系数发现,这种改善作用非常有限。而对机构投资者持股与企业社会绩效变动进行回归发现,由于改善难度和持股目的等原因,机构投资者持股对企业社会绩效改善力度并没有显著的积极影响,进一步证实了我国机构投资者非常有限的道德改善作用。

8.4 本章小结

本章从机构投资者持股策略与持股效果两个方面剖析了机构投资者持股偏好背后存在的机制。结论表明机构投资者持股偏好存在的根本原因在于对筛选策略的采用,即机构投资者在偏好投资对社会有正面贡献公司的同时也会避免投资产生负面影响的公司,且以正面筛选策略为主要手段。进一步对持股效果进行检验发现,我国机构投资者在持股过程中扮演道德偏好角色的同时,也体现了一定的道德改善作用,只是这种作用非常微弱。

9 总结与展望

9.1 全文总结

本文基于机构投资者和企业社会绩效的相关文献与理论,剖析了基于企业社会绩效的机构投资者的持股机理,并进一步结合我国证券市场实际,以2007—2011年沪深两市有机构投资者持股的904家上市公司为研究样本,对基于企业社会绩效的我国机构投资者持股偏好与机制进行了实证检验,发现目前我国机构投资者在持股过程中扮演了道德偏好角色,而道德改善角色不显著。

具体来看,研究结论主要体现在以下五个方面:

(1) 基于企业社会绩效的机构投资者持股机理的分析

从三个方面提炼了基于企业社会绩效的机构投资者持股机理,即持股动机、影响因素和持股方式。研究发现机构投资者基于企业社会绩效的持股动机包括三个主观持股动机和五个客观持股动机;基于企业社会绩效的机构投资者持股的影响因素包括三个外部影响因素和四个内部影响因素;基于企业社会绩效的机构投资者的持股方式主要包括间接持股方式和直接持股方式,其中间接持股方式又分为消极持股和积极持股,直接持股方式主要有社会责任投资。

(2) 我国企业社会绩效的综合评价

基于利益相关者理论对我国企业社会绩效进行了界定,并基于我国企业社会绩效的影响因素,设计了涵盖股东、债权人、政府、员工、供应商、消费者、社会公益七个方面共计23个指标的指标体系。进而利用因子分析法构建了我国企业社会绩效评价模型,对我国上市公司的企业社会绩效进行了综合评价。研究结论显示,我国企业社会绩效近年总体处于微弱的上升趋势,其中国有控股公司的企业社会绩效最高,外资控股公司次之，民营控股公司最差；采掘业、交通运输仓储业等行业的企业社会绩效较高，而制造业、建筑业以及农、林、牧、渔业较低。

（3）我国机构投资者的道德偏好角色分析

通过对我国机构投资者对企业社会绩效的持股偏好进行检验可知，我国机构投资者在投资决策的制定中越来越多的关注企业社会绩效，体现了道德偏好角色，同时这种偏好一定程度上受到制度和经济两方面的影响。另外，不同类型的机构投资者基于企业社会绩效的持股偏好存在较大差异，只有基金表现出类似机构投资者整体的道德偏好。这主要是由于不同机构投资者在资金规模、管理模式等各方面的差异，导致投资能力和策略存在较大的差别，对企业社会绩效的关注程度也不同。一方面，不同类型机构投资者的投资实力各异，投资实力强的基金往往持股比例较高，可能更有动机和能力在投资决策中关注企业社会绩效；另一方面，不同类型的机构投资者的投资策略不同，风险承受程度较低的机构投资者（如保险公司、社保基金等）倾向于分散投资以获取较低但稳定的收益，而风险承受程度高的机构投资者（如基金）则倾向于集中投资其看好的公司，并干预公司行为以保障其投资目标。具体来看，基金近五年的平均持股占机构投资持股市场的比例将近一半，体现了基金一枝独秀的地位。相比其他机构投资者，基金具有更多的动机、信息和资源在制定投资决策时考虑企业社会绩效。而被寄予厚望的 QFII 虽然体现了强劲的发展势头，但由于其进入时间短、对中国宏观环境和企业相关情况尚处于探索阶段等原因，对企业社会绩效的关注尚没有体现出来。券商、社保基金、保险公司和信托公司由于规模较小、实力偏弱、持股比例低且持股分散，更不具备监控企业社会绩效的条件。

（4）我国机构投资者的持股偏好机制分析

在发现我国机构投资者道德偏好角色的基础上，进一步探讨这种偏好背后的机制，通过对机构投资者基于企业社会绩效的持股策略与持股效果的检验，回答了我国机构投资者"如何持股"以及"持股效果如何"两个问题。即机构投资者持股偏好形成主要是投资过程中对筛选策略的采用，持股时偏好对社会有正面贡献公司的同时也会避免投资产生负面影响的公司，但以正面筛选策略为主。而且持股之后，机构投资者对企业社会绩效存在微弱的促进作用。

（5）我国机构投资者的道德改善角色分析

根据我国机构投资者基于企业社会绩效的持股效果可知,我国机构投资者在扮演道德偏好角色监控企业社会绩效的同时,也体现了一定的道德改善作用,只是这种作用非常微弱。一方面是由于机构投资者倾向于持股社会绩效较高的公司,其社会绩效改善的空间变小、难度加大;另一方面说明我国机构投资者投资目标公司不仅仅出于企业社会绩效,而且改善企业社会绩效并不是终极目标,因为对机构投资者而言"道德标准仍然是次于经济标准的"(Coffey and Fryxell, 1991)。因此,目前我国机构投资者基于企业社会绩效的持股过程中,尚没有表现出显著的道德改善作用,即道德改善角色暂未显著体现。

根据上述研究结论,提出政策建议如下:加强企业社会绩效的量化研究,建立类似 KLD 指数和 IRIS 数据库的专门衡量和记录企业社会绩效的数据库;在"大力发展机构投资者"的同时,要重视各类机构投资者的差异性,以有效的引导各类机构投资者全面健康的发展,真正实现机构投资者的多元化、规模化;强化机构投资者持股和企业社会绩效之间的互动效应,以促进机构投资者自身的发展及其对企业社会绩效的积极影响。

9.2 研究展望

本文在研究过程中尚存在需要进一步深入探讨的地方:

(1) 企业社会绩效的定量研究需要进一步加强

现阶段国内尚没有成熟的企业社会绩效的评价指标体系与模型,更谈不上专门的企业社会绩效指数或者数据库。本文对我国企业社会绩效进行评价的对象主要为深沪两市 A 股有机构投资者持股的上市公司,并没有涵盖所有的企业甚至上市公司,而时间跨度也只有五年的时间,因此对企业社会绩效的定量评价还有许多工作要做,即要加强企业社会绩效的量化研究,争取早日建立起类似 KLD 指数和 IRIS 数据库的专门衡量和记录企业社会绩效的指数或者数据库。

(2) 机构投资者的异质性研究需要进一步推进

国外对机构投资者异质性的划分标准有很多,比如投资期限、业务关系、监控成本等。而国内现有关于机构投资者异质性的分类研究基本都是照搬国外的分类方法,忽视了国内外机构投资者经营环境、资金规模、投资策略等各方面的差异。本文从机构主体一个维度进行机构投资者分类研究，一定程度上避免了上述缺陷，但对机构投资者异质性的刻画显得不够全面与深刻。因此需要进一步推进我国机构投资者异质性的研究，全面深刻的研究我国机构投资者异质性的划分标准。

（3）机构投资者持股与企业社会绩效的互动关系的研究需要进一步深入

本文主要是从静态的角度对机构投资者持股与企业社会绩效的互动关系进行研究，研究的数据主要是基于年底的统计数据。而由于最近几年我国在资本市场、公司治理等方面的改革力度很大，各方面因素的变化很快，作为研究对象的机构投资者同样具有很强的复杂性和动态性。因此需要进一步从动态的角度研究机构投资者持股与企业社会绩效的互动关系。

参考文献

[1] 陈宏辉、贾生华：《企业利益相关者三维分类的实证分析》，《经济研究》2004年第4期。

[2] 陈晓丽、宋晓宁、楼瑜：《机构投资者持股对上市公司透明度影响的实证分析》，《经济论坛》2007年第18期。

[3] 陈炎炎、郑丽莎：《机构投资者持股与我国上市公司管理层薪酬的实证研究》，《金融经济》2006年第24期。

[4] 陈玉清、马丽丽：《我国上市公司社会责任会计信息市场反应实证分析》，《会计研究》2005年第11期。

[5] 邓丽姬、王娃宜：《机构投资者持股对公司治理结构影响研究——来自我国证券市场的实证证据》，《现代商贸工业》2010年第3期。

[6] 范海峰、胡玉明、石水平：《机构投资者异质性、公司治理与公司价值——来自中国证券市场的实证证据》，《证券市场导报》2009年第10期。

[7] 方军雄：《我国上市公司高管的薪酬存在粘性吗？》，《经济研究》2009年第3期。

[8] 江向才：《公司治理与机构投资人持股之研究》，《南开管理评论》2004年第1期。

[9] 李彬：《机构投资者持股的绩效分析：来自日本上市公司Panel Data模型的证据》，《经济与管理研究》2009年第2期。

[10] 李善民、王彩萍：《机构持股与上市公司高级管理层薪酬关系实证研究》，《管理评论》2006年第1期。

[11] 李维安、李滨：《机构投资者介入公司治理效果的实证研究——基于CCGI^{NK}的经验研究》，《南开管理评论》2008年第1期。

[12] 李旭旦：《机构投资者持股对公司业绩影响的实证研究》，《会计

之友》(下旬刊), 2008 年第 6 期。
[13] 李正:《企业社会责任与企业价值的相关性研究——来自沪市上市公司的经验证据》,《中国工业经济》2006 年第 2 期。
[14] 刘录敬、陈晓明:《社会责任对财务绩效的影响研究》,《统计决策》2010 年第 14 期。
[15] 柳昌承:《韩国企业的财务绩效与社会绩效关系的实证研究—基于托宾 Q 值的分析》, 博士学位论文, 辽宁大学, 2008 年。
[16] 穆林娟、张红:《机构投资者持股与上市公司业绩相关性研究——基于中国上市公司的经验数据》,《北京工商大学学报》(社会科学版) 2008 年第 4 期。
[17] 毛磊、王宗军、王玲玲:《机构投资者与高管薪酬:中国上市公司研究》,《管理科学》2011 年第 5 期。
[18] 彭仕卿:《机构投资者持股比例与公司绩效的实证研究》,《财会通讯》2009 年第 27 期。
[19] 邵颖红、朱哲晗、陈爱军:《我国机构投资者参与公司治理实证分析》,《现代管理科学》2006 年第 5 期。
[20] 申尊焕、郝渊晓:《机构投资者对上市公司绩效影响的实证分析》,《生产力研究》2008 年第 19 期。
[21] 沈洪涛:《公司社会责任与公司财务业绩关系研究》, 博士学位论文, 厦门大学, 2005 年。
[22] 孙凌姗、刘健:《机构投资者在公司治理中的作用——基于中国上市公司的实证研究》,《兰州商学院学报》2006 年第 3 期。
[23] 谭松涛、傅勇:《管理层激励与机构投资者持股偏好》,《中国软科学》2009 年第 7 期。
[24] 唐跃军、宋渊洋:《价值选择 VS: 价值创造——来自中国市场机构投资者的证据》,《经济学》(季刊) 2010 年第 2 期。
[25] 田祖海:《社会责任投资理论述评》,《经济学动态》2007 年第 12 期。
[26] 万俊毅、潘伟志:《机构投资者的积极行为及其功效评价》,《南方金融》2007 年第 1 期。
[27] 王玲玲、王宗军、毛磊:《道德偏好、经济准则与机构投资者持股的关系研究》,《数理统计与管理》2013 年第 4 期。

[28] 王玲玲、王宗军、毛磊：《道德偏好与道德改善：中国机构投资者持股研究》，《金融评论》2012年第12期。

[29] 王玲玲、王宗军、毛磊：《企业社会责任与机构投资者持股偏好研究》，《企业经济》2013年第3期。

[30] 王雪荣、董威：《中国上市公司机构投资者对公司绩效影响的实证分析》，《中国管理科学》2009年第2期。

[31] 王宗军、花芳、杨忠诚：《再谈机构投资者参与公司治理——与黄兴年先生再讨论》，《华中科技大学学报》（社会科学版）2008年第4期。

[32] 王宗军、吴庆红：《也谈机构投资者参与公司治理——答黄兴年先生》，《华中科技大学学报》（社会科学版）2006年第5期。

[33] 魏刚：《高级管理层激励与上市公司经营绩效》，《经济研究》2000年第3期。

[34] 温素彬、方苑：《企业社会责任与财务绩效关系的实证研究》，《中国工业经济》2008年第10期。

[35] 吴蜀皖：《公司治理与企业社会责任实证研究》，《市场论坛》2010年第6期。

[36] 吴晓晖、姜彦福：《机构投资者治理效率研究》，《统计研究》2006年第9期。

[37] 续芹：《机构投资者对上市公司作用的实证研究——依据我国A股市场的经验证据》，《审计与经济研究》2009年第5期。

[38] 续芹：《我国机构投资者的作用力研究》，对外经济贸易大学出版社2008年版。

[39] 杨俊、谭宏琳：《公司社会责任对公司治理及其绩效影响的实证研究》，《工业技术经济》2009年第2期。

[40] 杨忠诚、王宗军：《基于生产要素密集度的高管人员报酬激励与公司绩效研究》，《财经论丛》2008年第2期。

[41] 杨忠诚、王宗军：《基于机构投资者的董事会效率变化研究》，《管理学报》2008年第2期。

[42] 杨自业、尹开国：《公司社会绩效影响财务绩效的实证研究》，《中国软科学》2009年第11期。

[43] 伊志宏、李艳、丽高伟：《异质机构投资者的治理效应：基于高管

薪酬视角》,《统计与决策》2010年第5期。

[44] 余佩琨、王玉涛:《机构投资者能提高开放式基金的业绩吗》,《财会通讯》2009年第18期。

[45] 张旭、孙亚玲、宋超:《企业社会责任与竞争力关系的实证分析》,《科研管理》2010年第3期。

[46] 张绪娥:《企业社会绩效评价指标体系构建》,《财会研究》2010年第4期。

[47] 赵洪江、夏晖:《机构投资者持股与上市公司创新行为关系实证研究》,《中国软科学》2009年第5期。

[48] 周勤业、卢宗辉、金瑛:《上市公司信息披露与投资者信息获取的成本效益问卷调查分析》,《会计研究》2003年第5期。

[49] Agle B., Mitchell R., Sonnenfeld J., "Who Matters to CEOs? An Investigation of Stakeholder Attributes and Salience, Corporate Performance, and CEO Values", *Academy of Management Journal*, 1999, 42 (3).

[50] Agrawal A., Knoeber C., "Firm Performance and Mechanisms to Control Agency Problems between Managers and Shareholders", *Journal of Financial and Quantitative Analysis*, 1996, 31 (3).

[51] Agrawal A., Mandelker G. Large, "Shareholders and the Monitoring of Managers: The Case of Antitakeover Charter Amendments", *Journal of Financial and Quantitative Analysis*, 1990, 25 (2).

[52] Almazan A., Hartzell J., Starks, L., "Active Institutional Shareholders and Cost of Monitoring: Evidence from Managerial Compensation", *Financial Management*, 2005, 34 (4).

[53] Ashbaugh-Skaife, H., D. Collins, and W. Kinney, "The discovery and reporting of internal control deficiencies prior to SOX – mandated audits", *Journal of Accounting and Economics*, 2007, 44 (1–2).

[54] Ayers, B. C., S. Ramalingegowda and P. E. Yeung, "Hometown advantage: The effects of monitoring institution location on financial reporting discretion", *Journal of Accounting and Economics*, 2011, 52 (1).

[55] B. Bushee, "Identifying and attracting the 'right' investors: Evidence on the behavior of institutional investors", *Journal of Applied Corporate*

Finance, 2004: 16.

[56] Balsam, S., E. Bartov and C. Marquardt, "Accruals management, investor sophistication, and equity valuation: evidence from 10Q filings", *Journal of Accounting Research*, 2002, 40 (4).

[57] Barnett, M. L., Salomon, R. M., "Unpacking Social Responsibility: The Curvilinear Relationship between Social and Financial Performance", Academy of Management Proceedings, 2002, SIM, B1

[58] Berle A., Means G., "The Modern Corporation and Pprivate Property", New Brunswick: Transaction, 1991 (Originally published in 1932)

[59] Bhide A., "The Hidden Costs of Stock Market Liquidity", *Journal of Financial Economics*, 1993, 34 (1).

[60] Black, B. S., "Agents Watching Agents: The Promise of Institutional Investor Voice", UCLA Law Review, 1992, 39 (4).

[61] Blair, M., *Ownership and Control: Rethinking Corporate Governance for the Twenty-first century*, Washington, DC: Brookings Institution, 1995.

[62] Boritz, J. E., P. Zhang, "How Does Disclosure of Internal Control Quality Affect Management's Choice of that Quality?", working paper, 2006.

[63] Borokhovich, K., Brunarski, K., Harman, Y., et al., "Variation in the Monitoring Incentives of Outside Stockholders", *Journal of Law and Economics*, 2006, 49 (2).

[64] Brancato, C. K., *Institutional Investors and Corporate Governance*, Chicago: Irwin Professional Publishing and The Conference Board, 1997.

[65] Brandes, P., Goranova, M., Hall, S., "Navigating Shareholder Influence: Compensation Plans and the Shareholder Approval Process", *Academy of Management Perspectives*, 2008, 22 (1).

[66] Brav, A., Jiang, W., Partnoy, F., et al., "Hedge Fund Activism, Corporate Governance, and Firm Performance", *Journal of Finance*, 2008. 63 (4).

[67] Brickley, J., Lease, R., "Ownership Structure and Voting on Antitakeover Amendments", *Journal of Financial Economics*, 1988. 20 (1).

[68] Brown, K. and J., Lim, "The Effect of Internal Control Deficiencies on the Usefulness of Earnings in Executive Compensation", working paper, 2011.

[69] Bushee, B., "Identifying and Attracting the "Right" Investors: Evidence on the Behavior of Institutional Investors", *Journal of Applied Corporate Finance*, 2004, 16 (4).

[70] Bushee, B., "The Influence of Institutional Investors on Myopic R&D Investment Behavior", *Accounting Review*, 1998, 73 (3).

[71] Carleton, W., Nelson, J., Weisbach, M., "The Influence of Institutions on Corporate Governance through Private Negotiations: Evidence from TIAA-CREF", *The Journal of Finance*, 1998, 53 (4).

[72] Carroll, A. B., "A Commentary and an Overview of Key Questions on Corporate Social Performance Management", *Business&Society*, 2000, 39 (4).

[73] Chen, X., J. Harford and K. Li, "Monitoring: Which institutions matter?", *Journal of Financial Economics*, 2007. 86.

[74] Chen, Y. Y., R. Knechel, V. V. Marisetty, C. Truong, and M. Veeraraghavan, "Internal Control Weakness and Board Independence: Evidence from SOX 404 Disclosures", working paper, 2011.

[75] Chung, R., M. Firth and J. Kim, "Institutional monitoring and opportunistic earnings management", *Journal of Corporate Finance*, 2002, 8 (1).

[76] Clarkson, M. A, "Stakeholder Framework for Analyzing and Evaluating Corporate Social Performance", *Academy of Management Review*, 1995, 20 (1).

[77] Clarkson, M., "A risk-based model stakeholder theory", Proceedings of the Toronto conference on stakeholder theory, Toronto Canada: University of Toronto, 1994.

[78] Clay, D., "The Effects of Institutional Investment on CEO Compensation", University of Southern California, Working paper, 2000.

[79] Coffee, J., "Liquidity versus Control: the Institutional Investor as Corporate Monitor", *Columbia Law Review*, 1991, 91 (6).

[80] Coffey, B., Fryxell, G., "Institutional Ownership of Stock and Dimensions of Corporate Social Performance: an Empirical Examination", *Journal of Business Ethics*, 1991, (10).

[81] Colle, S., York, J., "Why Wine is not Glue? The Unresolved Problem of Negative Screening in Socially Responsible Investing", *Journal of Business Ethics*, 2009, 85 (9).

[82] Cornett, M., Marcus, A., Saunders, A., et al., "The Impact of Institutional Ownership on Corporate Operating Performance", *Journal of Banking & Finance*, 2007, 31 (6).

[83] Cosh, A., Hughes, A., "Executive Remuneration, Executive Dismissal and Institutional Shareholdings", *International Journal of Industrial Organization*, 1997, 15 (4).

[84] Cox, P., Brammer, S., Millington, A., "An Empirical Examination of Institutional Investor Preferences for Corporate Social Performance", *Journal of Business Ethics*, 2004, 52 (1).

[85] Cox, P., Brammer, S., Millington, A., "Pension Funds and Corporate Social Performance: An Empirical Analysis", *Business & Society*, 2008, 47 (2).

[86] Craswell, A., Taylor, S., Saywell, R., "Ownership Structure and Corporate Performance: Australian Evidence", *Pacific - Basin Finance Journal*, 1997, 5 (3).

[87] David, P., Kochhar, R., "Barriers to Effective Corporate Governance by Institutional Investors: Implication for Theory and Practice", *European Management Journal*, 1996, 14 (5).

[88] David, P., Kochhar, R., Levitas, E., "The Effect of Institutional Investors on the Level and Mix of CEO Compensation", *Academy of Management Journal*, 1998, 41 (2).

[89] Davis, E., "Institutional Investors, Corporate Governance and the Performance of the Corporate Sector", *Economic Systems*, 2002, 26 (3).

[90] Davis, G., Kim, E., "Business Ties and Proxy Voting by Mutual Funds", *Journal of Financial Economics*, 2007, 85 (2).

[91] Deakin, S. and R. Hobbs, "False Dawn for CSR? Shifts in regulatory

policy and the response of the corporate and financial sectors in Britain", *Corporate Governance: An International Review*, 2007, 15 (1).

[92] Del Guercio, D., Hawkins, J., "The Motivation and Impact of Pension Fund Activism", *Journal of Financial Economics*, 1999, 52 (3).

[93] Del Guercio, D., "The Distorting Effect of the Prudent-man Laws on Institutional Equity Investments", *Journal of Financial Economics*, 1996 (40).

[94] Donaldson, T., Preston, L., "A stakeholder theory of the corporation: Concepts, evidence, and implications", *Academy of Management Review*, 1995, 20 (1).

[95] Doyle, J., W. Ge and S. McVay, "Determinants of Weaknesses in Internal Control over Financial Reporting", *Journal of Accounting and Economics*, 2007, 44 (1-2).

[96] EIRIS, *Guide for Fund Managers*, Ethical Investment Research Service, London, 2000.

[97] EIRIS, *The Ethical Investor*, Autumn 2002, Ethical Investment Research Service, London, 2002.

[98] EIRIS, *The Ethical Investor*, Autumn 2004, Ethical Investment Research Service, London, 2004.

[99] Entine, J., "The Myth of Social Investing: A Critique of its Practice and Consequences for Corporate Social Performance", *Research Organization & Environment*, 2003, 16 (3).

[100] Fama, E., "Agency Problems and the Theory of the Firm", *The Journal of Political Economy*, 1980, 88 (2).

[101] Feng, Z., "Institutional Monitoring and REIT CEO Compensation", *Journal of Real Estate Finance and Economics*, 2010. 40 (4).

[102] Ferreiraa, M., Matos, P., "The Colors of Investors' Money: The role of Institutional Investors around the World", *Journal of Financial Economics*, 2008, 88 (3).

[103] Freeman, R. E., Evan, W. M., "Corporate governance: A stakeholder interpretation", *Journal of Behavioral Economics*, 1990, 19 (4).

[104] Freeman, R. E., *A Stakeholder Approach*, Boston: Pitman, Strategic Management, 1984.

[105] Ge, W. and S. McVay, "The Disclosure of Material Weaknesses in Internal Control after the Sarbanes‐Oxley Act", *Accounting Horizons*, 2005, 19 (3).

[106] Gedajlovic, E., Shapiro, D. M., "Ownership Structure and Firm Profitability in Japan," *Academy of Management Journal*, 2002, 45 (7).

[107] Gilan, S., Starks, L., "Corporate Governance Proposals and Shareholder Activism: The Role of Institutional Investors", *Journal of Financial Economics*, 2000 (57).

[108] Gillan, S. and L. Starks, "Corporate governance proposals and shareholder activism: The role of institutional investors", *Journal of Financial Economics*, 2000, 57 (2).

[109] Goh, B. W., "Audit committees, boards of directors, and remediation of material weaknesses in internal control", *Contemporary Accounting Research*, 2009, 26 (2).

[110] Gordon, L., Pound, J., "Information, Ownership Structure, and Shareholder Voting: Evidence from Shareholder‐sponsored Corporate Governance Proposals", Journal of Finance, 1993, 48 (2).

[111] Grant, T. S., Timothy, W. N., Carlton, J. W., Blair, J. D., "Strategy for assessing and managing organizational stakeholders", *Academy of management executive*, 1991, 5 (2).

[112] Graves, S., Waddock, S., "Institutional Owners and Corporate Social Performance", *Academy of Management Journal*, 1994, 37 (4).

[113] Grossman, S., Hart, O., "Takeover Bids, the Free Rider Problem, and the Theory of the Corporation", *Bell Journal of Economics*, 1980, 11 (1).

[114] H. Short, K. K., "Managerial ownership and the performance of firms: evidence from the UK", *Journal of Corporate Finance*, 1999, 5 (1).

[115] Hansen, S., Hill, L., "Are Institutional Investors Myopic? A Time Series Study of Four Technology Driven Industries", *Strategic Management Journal*, 1991, 12 (1).

[116] Hartzell, J., Starks, L., "Institutional Investors and Executive Compensation", *Journal of Finance*, 2003, 58 (6).

[117] Heard, J., "Executive Compensation: Perspective of Institutional Investor", University of Cincinnati, *Law Review*, 1994, 63.

[118] Heiner, R. A., "The Origin of Predictable Behavior", *American Economic Review*, 1983, 73 (4).

[119] Hoitash, U., R. Hoitash, and J. Bedard, "Corporate governance and internal control over financial reporting: a comparison of regulatory regimes", *The Accounting Review*, 2009, 84 (3).

[120] Hunton, J. E., R. Hoitash and J. C. Thibodeau, "The Relationship between Perceived Tone at the Top and Earnings Quality", *Contemporary Accounting Research*, 2011, 28 (4).

[121] J. A. Brickley, R. C. Lease, "Ownership structure and voting on antitakeover amendments", *Journal of Financial Economics*, 1988. 20 (1).

[122] Jensen, M., Meckling, W., "Theory of the Firm: Managerial Behavior, Agency Costs and Ownership Structure", *Journal of Financial Economics*, 1976, 3 (4).

[123] Jensen, M., Murphy, K., "Performance Pay and Top – management incentives", *Journal of Political Economy*, 1990 (98).

[124] Jensen, Michael, C., and William H. Meckling, "Theory of the firm: Managerial behavior, agency costs and ownership structure", *Journal of Financial Economics*, 1976, 3.

[125] Jiang, W., K. H. Rupley and J. Wu, "Internal control deficiencies and the issuance of going concern opinions", *Research in Accounting Regulation*, 2010, 22 (1).

[126] Johnson, R., Greening, D., "The Effects of Corporate Governance and Institutional Ownership Types on Corporate Social Performance", *Academy of Management Journal*, 1999, 42 (5).

[127] Jones, R., Murrell, A., "Signaling Positive Corporate Social Performance", *Business & Society*, 2001, 40 (1).

[128] J. Y. Shin, J. Seo, "Less Pay and More Sensitivity? Institutional Investor Heterogeneity and CEO Pay", *Journal of Management*, 2010, working paper.

[129] K. Pajunen, "Stakeholder Influences in Organizational Survival", *Journal of Management Studies*, 2006, 43 (6).

[130] Kaplan, S., Strömberg, P., "Venture Capitalists as Principals: Contracting, Screening, and Monitoring", *The American Economic Review*, 2001 (2).

[131] Karpoff, J., "Public versus Private Iinitiative in Arctic Exploration: the Effects of Incentives and Organizational Structure", *Journal of Political Economy*, 2001, 109 (1).

[132] Karpoff, J., "The Impact of Shareholder Activism on Target Companies: A Survey of Empirical Findings", SSRN Working Paper, 2001.

[133] Karpoff, J., Malatesta, P. Walkling, R., "Corporate Governance and Shareholder Initiatives: Empirical Evidence", *Journal of Financial Economics*, 1996, 42 (3).

[134] Khan, R., Dharwadkar, R., Brandes, P., "Institutional Ownership and CEO Compensation: a Longitudinal Examination", *Journal of Business Research*, 2005, 58 (8).

[135] Kinney, W. R., and M. L. Shepardson, "Do Control Effectiveness Disclosures Require SOX 404 (b) Internal Control Audits? A Natural Experiment with Small U. S. Public Companies", *Journal of Accounting Research*, 2011, 49 (2).

[136] Kochhar, R., David, P., "Institutional Investors and Firm Innovation: a Test of Competing Hypotheses", *Strategic Management Journal*, 1995, 17 (1).

[137] Komari, N. and Faisal, "Analisis Hubungan Struktur Corporate Governance dan Kompensasi Eksekutif", *Jurnal Keuangan Dan Perbankan*, 2007, 2 (1).

[138] Krishnan, G. V. and G. Visvanathan, "Reporting Internal Control De-

ficiencies in the Post – Sarbanes Oxley Era: The Role of Auditors and Corporate Governance", *The International Journal of Auditing*, 2007, 11 (2).

[139] Krishnan, J., "Audit Committee Quality and Internal Control: An Empirical Analysis", *The Accounting Review*, 2005, 80 (2).

[140] Kubo, K., "Executive Compensation Policy and Company Performance in Japan", *Corporate Governance*, 2005. 13 (3).

[141] Leone, A. J., "Factors Related to Internal Control Disclosure: a Discussion of Ashbaugh, Collins, and Kinney (2007) and Doyle, Ge, and McVay (2007)", *Journal of Accounting and Economics*, 2007, 44 (1 – 2).

[142] Mahoney, L., Roberts, R. W., "Corporate Social Performance, Financial Performance and Institutional Ownership in Canadian Firms", *Accounting Forum*, 2007, 31 (3).

[143] Maignan, I., Ralston, D. A., "Corporate Social Responsibility in Europe and the U. S.: Insights from Businesses' Self – presentations", *Journal of International Business Studies*, 2002, 33 (3).

[144] Mallin, C., "Financial Institutions and Their Relations with Corporate Boards", Corporate Governance: an International Review, 1999, 7 (3).

[145] Mallina, C. A., Michelonb, G., "Board Reputation Attributes and Corporate Social Performance: an Empirical Investigation of the US Best Corporate Citizens", *Accounting and Business Research*, 2011, 41 (2).

[146] Mao Lei, Wang Zongjun, "Preference or Improvement: the Interaction of Chinese Institutional Investors and CSP", Proceedings of International Conference on Information Technology and Management Engineering, 2011.

[147] Maxey, D., Ten Wolde, R., "CEO Pay May be Crucial as Funds Shop", *Wall Street Journal*, 1998, May 26.

[148] McConnell, J., Servaes, H., "Additional Evidence on Eequity Ownership and Corporate Value", *Journal of Financial Economics*, 1990, 27 (2).

[149] McGuire, J. B., Sundgren, A., Schneeweis, T., "Corporate Social Responsibility and Firm Financial Performance", *Academy of Management Journal*, 1988, 31 (4).

[150] McLachlan, J., Gradner, J., "A Comparison of Socially Responsible and Conventional Investors", *Journal of Business Ethics*, 2004, 52 (1).

[151] Michelon, G., S. Beretta and S. Bozzolan, "Disclosure on Internal Control Systems as a Substitute of Alternative Governance Mechanisms", working paper, 2009.

[152] Michelson, G., Wailes, N., Laan, S., et al, "Ethical Investment Process and Outcomes", *Journal of Business Ethics*, 2004, 52 (1).

[153] Miguel, A. F., Pedro, M., "The Colors of Investors' Money: The Role of Institutional Investors around the World", *Journal of Financial Economics*, 2008, 88 (3).

[154] Min, D., Ozkan, A., "Institutional Investors and Director Pay: An Empirical Study of UK Companies", *Journal of Multinational Financial Management*, 2008, 18 (1).

[155] Mitra, S., and M. Hossain, "Corporate governance attributes and remediation of internal control material weaknesses reported under SOX Section 404", *Review of Accounting and Finance*, 2011, 10 (1).

[156] Muller, A., Kolk, A., "Extrinsic and Intrinsic Drivers of Corporate Social Performance: Evidence from Foreign and Domestic Firms in Mexico", *Journal of Management Studies*, 2010, 47 (1).

[157] Nesbitt, S., "Long-term Rewards from Shareholder Activism: A Study of the Calipers Effect", Journal of Applied Corporate Finance, 1994, 35 (6).

[158] Neubaum, D., Zahra, S., "Institutional Ownership and Corporate Social Performance: the Moderating Effects of Investment Horizon, Activism and Coordination", *Journal of Management*, 2006, 32 (1).

[159] O'Barr, W., Conley, J., *Fortune and Folly: The Wealth and Power of Institutional Investing*, Homewood, IL: Business One Irwin, 1992.

[160] Ogneva, M., K. R. Subramanyam and K. Raghunandan, "Internal

Control Weakness and Cost of Equity: Evidence from SOX Section 404 Disclosure", *The Accounting Review*, 2007, 82 (5).

[161] Orlitzky, M., Sehlnidt, F. L., Rynes, S., "Corporate Social and Financial Performance: A Meta – analysis", *OrganizationStudies*, 2003, 24 (3).

[162] Parthiban, D., Kochhar, "Barriers to Effective Corporate Governance by Institutional Investors: Implication for Theory and Practice", *European Management Journal*, 1996, 14 (5).

[163] Petersen, N., Vredenburg, H., "Morals or Economics? Institutional Investor Preferences for Corporate Social Responsibility", *Journal of Business Ethics*, 2009, 90 (1).

[164] Petrovits, C., C. Shakespeare and A. Shih, "The causes and consequences of internal control problems in nonprofit organizations", *The Accounting Review*, 2011, 86 (1).

[165] Pound, J., "Proxy Contest and the Efficiency of Shareholder Oversight", *Journal of Financial Economics*, 1988, 20 (2).

[166] Prevost, A., Rao, R., "Of What Value are Shareholder Proposals Sponsored by Public Pension Funds?", *Journal of Business*, 2000, 73 (7).

[167] Roe, M. J., "Political and Legal Restraints on Ownership and Control of Public Companies", *Journal of Financial Economics*, 1990, 27 (1).

[168] Romano, R., "Less is More: Making Shareholder Activism a Valued Mechanism of Corporate Governance", *Yale Journal on Regulation*, 2001, 18 (1).

[169] Ruf, B. M., Muralidhar, K., Brown, R. M., et al., "An Empirical Investigation of the Relationship between Change in Corporate Social Performance and Financial Performance: A Stake – holder Theory Perspective", *Journal of Business Ethics*, 2001, 32 (2).

[170] Ryan, L., Schneider, M., "The Antecedents of Institutional Investor Activism", *Academy of Management Review*, 2002, 27 (4).

[171] Schadewitz, H., Niskala, M., "Communication via Responsibility Reporting and Its Effect on Firm Value in Finland", *Corporate Social*

Responsibility and Environmental Management, 2010, 17 (2).

[172] Schueth, "Socially Responsible Investing in the United States", *Journal of Business Ethics*, 2003, 43 (2).

[173] Seiferta, B., Gonencb, H., Wright, J., "The International Evidence on Performance and Equity Ownership by Insiders, Blockholders and Institutions", *Journal of Multinational Financial Management*, 2005, 15 (2).

[174] Sherman, H., Beldona, S., "Corporate Governance Institutional Investor Heterogeneity Implications for Strategic Decisions", *Corporate Governance*, 1998, 6 (3).

[175] Shin, J. Y., *Essays on the Relation between Institutional Ownership Composition and the Structure of CEO Compensation*, The University of Wisconsin - Madison: United States Wisconsin. 2006.

[176] Shin, J., Seo, J., "Less Pay and More Sensitivity? Institutional Investor Heterogeneity and CEO Pay", *Journal of Management*, working paper, 2010.

[177] Shin, J. Y., "Essays on the relation between institutional ownership composition and the structure of CEO compensation", 2006, The University of Wisconsin-Madison: United States—Wisconsin.

[178] Shleifer, A., Vishny, R., "Large Shareholders and Corporate Control", *Journal of Political Economy*, 1986, 94 (3).

[179] Short, H., Keasey, K., "Institutional Voting in the UK: is Mandatory Voting the Answer?", *Corporate Governance: An International Review*, 1997, 5 (1).

[180] Short, H., Keasey, K., "Managerial Ownership and the Performance of Firms: Evidence from the UK", *Journal of Corporate Finance*, 1999, 5 (1).

[181] Smith, M., "Shareholder Activism by Institutional Investors: Evidence from CalPERS", *Journal of Finance*, 1996 (51).

[182] Sparkes, R., Cowton, C., "The Maturing of Socially Responsible Investment: A Review of the Developing Link with Corporate Social Responsibility", *Journal of Business Ethics*, 2004, 52 (1).

[183] Spicer, B. H., "Investors, Corporate Social Performance and Information Disclosure: An Empirical Study", *Accounting Review*, 1978, 53 (1).

[184] Stricklanda, D., Wilesb, K., Zenne, Mr., "A Requiem for the USA is Small Shareholder Monitoring Effective?", *Journal of Financial Economics*, 1996, 40 (2).

[185] Sundaramurthy, C., "Institutional Investors and Corporate Governance: Best Practices for Increasing Corporate Value", *Academy of Management Review*, 1999 (24).

[186] Sundaramurthy, C., Roades, D., Rechner, P. A, "Meta – analysis of the Effects of Executive and Institutional Ownership on Firm Performance", *Rechner Journal of Managerial Issues*, 2005, 17 (4).

[187] Turban, D. B., Greening, D. W., "Corporate Social Performance and Organizational Attractiveness to Prospective Employees", *Academy of Management Journal*, 1997, 40 (3).

[188] Useem, M., *Investor Capitalism: How Money Managers are Changing the Face of Corporate*, America, New York: Basic Books, 1996.

[189] Useem, M., Bowman, E., Myatt, J., et al., "U. S. Institutional Investors Look at Corporate Governance in the 1990s.", *European Management Journal*, 1993, 11 (2).

[190] Useem, M., Gager, C., "Employee Shareholders or Institutional Investors? When Corporate Managers Replace their Stockholders", *Journal of Management Studies*, 1996, 33 (5).

[191] Vance, S., "Are Socially Responsible Firms Good Investment Risks?", *Management Review*, 1975, 64 (1).

[192] Varela, U., Reisch, J. T., "Institutional Ownership and the Selection of Industry Specialist Auditors", *Review of Quantitative Finance and Accounting*, 2003, 21 (1).

[193] Waddock, S. A., Graves, S. B., "TheCorporate Social Performance – Financial Performance Link", *Strategic Management Journal*, 1997, 18 (4).

[194] Wagner, M., Schaltegger, S., "The Effect of Corporate Environmen-

tal Strategy Choice and Environmental Performance on Competitiveness and Economic Performance: An Empirical Study of EU Manufacturing", European Management Journal, 2004, 22 (5).

[195] Wahal, S., "Public Pension Fund Activism and Firm Performance", Journal of Financial and Quantitative Analysis, 1996, 31 (1).

[196] Wahba, H., "Exploring the Moderating Effect of Financial Performance on the Relationship between Corporate Environmental Responsibility and Institutional Investors: some Egyptian Evidence", Corporate Social Responsibility and Environmental Management, 2008, 15 (6).

[197] Wang lingling, Wang zongjun, Mao lei, "An Empirical Study of the Effect of Institutional Investors on Internal Control Deficiencies", International Journal of Digital Content Technology and its Applications, 2012, 12.

[198] Webb, R., Beck, M., Mckinnon, R., "Problems and Limitations of Institutional Investor Participation in Corporate Governance", Corporate Governance, 2003, 11 (1).

[199] Wheeler, D., Maria, S., "Including the stakeholder: the business case", Long range planning, 1998, 31 (2).

[200] White, M., "Corporate Environmental Performance and Shareholder Value", Working paper, McIntire School of Commerce, University of Virginia. 1996.

[201] Wolfe, R., Aupperle, K., "Introduction to Corporate Social Performance: Methods for Evaluating an Elusive Construct", in J. E. Post (ed.), Research in Corporate Social Performance and Policy, JAI Press, 1991.

[202] Wood, D. J., "Corporate Social Performance Revisited", The Academy of Management Review, 1991, 16 (4).

[203] Wood D. J., "Measuring Corporate Social Performance: A Review", International Journal of Management Reviews, 2010, 12 (1).

[204] Xia Chen, Jarrad Harford, Kai Li, "Monitoring: which Institutions Matter?", Working Paper, 2005.

[205] Yazawa, K., "Why Don't Japanese Companies Disclose Internal

Control Weakness?: Evidence from JSOX Mandated Audits", working paper, 2010.

[206] Yuan, R. L., Xiao, Z. Z., Zou, H. "Mutual Funds' Ownership and Firm Performance: Evidence from China", *Journal of Banking & Finance*, 2008, 32 (8).

[207] Zsolnai L., *extended stakeholder theory. Society and business review*, 2006, 1 (1).

后　　记

　　本文的主要研究内容是在博士期间完成的，在导师王宗军教授和师兄毛磊博士的指导下，合作发表了7篇学术文章，这些构成了本文的前期研究基础。

　　在申报2013年的湖北省社科项目期间，基于前期研究成果并结合博士论文，对文章结构、模型、数据等进行了进一步完善，形成本文。最后非常幸运的是，获得了湖北省社科项目的资助。

　　都说学术研究是枯燥的、是辛苦的。但是我在学术研究过程中却收获了很多，有师生情谊、友情、爱情和亲情。在这里，我想向这么多年来关心与鼓励我的领导、同事、师长、同学以及家人，一一表示谢意。

　　首先，感谢湖北省社会科学院给我提供了良好的科研环境；感谢经济所的全体同事，感谢你们对我的照顾和帮助；感谢科技处的所有人员，感谢你们积极帮我争取院里文库的资助，才使得本文可以这么快的出版。

　　其次，感谢读博期间博士生导师王宗军教授在生活、学习、工作上给予的指点与帮助；感谢企业评价研究所的各位兄弟姐妹在学业上的关心和指导，我的每一个进步都得益于从你们那里得来的启发和灵感，我将永远怀念我们一起走过的日子。

　　最后，感谢一直默默支持我的家人，谢谢爸爸、妈妈、公公、婆婆以及老公一直以来无微不至的关怀与照顾，还有我可爱的儿子，你们是我不断向前成长的动力，用宽容和理解教我如何面对生活，谢谢！